CONTENTS

Abbreviations Used in this Book

acc	accusative
anim	animate
dat	dative
f	feminine
fam	familiar
gen	genitive
gen pl	general plural
acc	accusative
inan	inanimate
loc	locative
m	masculine
m pers pl	masculine personal plural
n	neuter
nom	nominative
pl	plural
pol	polite
(R)	registered trademark
sing	singular

HARRAP'S

Polish

PHRASE BOOK

Compiled by
LEXUS
with
Anna Plank
and
Daryl Hardman

HARRAP

EDINBURGH NEW YORK

Distributed in the United States by

PRENTICE HALL
New York

First published in Great Britain 1991
by HARRAP BOOKS LTD
43–45 Annandale Street
Edinburgh EH7 4AZ

© Harrap Books Ltd/Lexus Ltd 1991
Reprinted 1992, 1993

ISBN 0 245-60264-X
In the United States, ISBN 0-13-382649-X

Printed in England by Clays Ltd, St Ives plc

INTRODUCTION

The phrase sections in this new book are concise and to the point. In each section you will find a list of basic vocabulary; a selection of useful phrases; a list of common words and expressions that you will see on signs and notices. A full pronunciation guide is given for things you'll want to say or ask and typical replies to some of your questions are listed.

Of course, there are bound to be occasions when you want to know more. So this book allows for this by containing a two way Polish-English dictionary with a total of some 5,000 references. This will enable you to build up your Polish vocabulary, to make variations on the phrases in the phrase sections and to recognize more of the Polish words that you will see or hear when travelling about.

As well as this we have given a menu reader covering about 200 dishes and types of food — so that you will know what you are ordering! And, as a special feature, there is a section on colloquial Polish.

Speaking the language can make all the difference to your trip. So:

powodzenia!
povodjen-ya
good luck!

and

szczęśliwej podróży!
sh-chenshlivay podvoozhi
have a good trip!

PRONUNCIATION

In the phrase sections of this book a pronunciation guide has been given by writing the Polish words as though they were English. So if you read out the pronunciation as English words a Polish person should be able to understand you. Some notes on this:

g	as in 'grass'
i	an 'i' sound as in 'high' or 'fly'
H	as in the Scottish pronunciation of 'loch'
ONG	as in 'gong' (if you know French, it's similar to a nasal 'on')
zh	like the 's' in 'treasure' or the 'z' in 'seizure'

Letters in bold type in the pronunciation guide mean that this part of the word should be stressed.

In the Menu Reader and the Polish to English dictionary section we have followed Polish alphabetical order. This differs from English in the following respects: a, ą; c, ć; e, ę; l, ł; n, ń; o, ó; s, ś; z, ź, ż.

To help you decipher Polish:

a - cross between English short 'a' and 'u'	**j** – yet
ą - gong (but sometimes 'on' or 'om')	**ł** – w
ch – loch (but sometimes 'sh')	**ni/ń** – onion
ci/cz/ć – church	**ó** – oo
dz – woods	**rz** – treasure
dzi/dź/dż – dj	**si/sz/ś** – sh
ę – penguin (but sometimes 'em')	**u** – oo
h – loch	**w** – v
i – ee	**y** – rich
	zi/ź/ż treasure

GENERAL PHRASES

hello/good morning
dzień dobry
djen dobri

hi
cześć
chesh-ch

good evening
dobry wieczór
dobri v-yechoor

good night
dobranoc
dobranots

pleased to meet you
(to a man/woman) miło mi pana/panią poznać
meewo mee pana/pan-yONG poznach

goodbye
do widzenia
do veedzen-ya

cheerio
cześć
chesh-ch

see you
do zobaczenia
do zobachen-ya

yes/no
tak/nie
tak/n-yeh

yes please
tak, chętnie
tak Hentn-yeh

GENERAL PHRASES

no thank you
dziękuję, nie
djenkoo-yeh n-yeh

please
proszę
prosheh

thank you/thanks
dziękuję
djenkoo-yeh

thanks very much
dziękuję bardzo
djenkoo-yeh bardzo

you're welcome
proszę bardzo
prosheh bardzo

sorry
przepraszam
psheprasham

sorry? *(didn't understand)*
słucham?
swooHam

how are you?
(to a man/woman) jak się pan/pani ma?
yak sheh pan/panee ma

very well, thank you
dziękuję, bardzo dobrze
djenkoo-yeh bardzo dobzheh

and yourself?
(to a man/woman) a pan/pani?
a pan/panee

excuse me *(to get attention)*
(to a man/woman) przepraszam pana/panią
psheprasham pana/pan-yONG

how much is it?
ile to kosztuje?
eeleh to koshtoo-yeh

GENERAL PHRASES

can I ...?
czy mogę ...?
chi mogeh

can I have ...?
czy mogę prosić o ...?
chi mogeh prosheech o

I'd like to ...
chciałbym *(m)*/chciałabym *(f)* ...
Hchawubim/Hchawabim

where is ...?
gdzie jest ...?
gjeh yest

it's not ...
to nie jest ...
to n-yeh yest

is it ...?
czy to jest ...?
chi to yest

is there ... here?
czy tu jest ...?
chi too yest

could you say that again?
proszę powtórzyć
prosheh poftoozhich

could you speak more slowly?
proszę mówić powoli
prosheh mooveech povoli

I don't understand
nie rozumiem
n-yeh rozoom-yem

OK
dobrze
dobzheh

come on, let's go!
chodźmy!
Hoch-mi

GENERAL PHRASES

what's that in Polish?
jak to się nazywa po polsku?
yak to sheh naziva po polskoo

could you write it down?
proszę to napisać
prosheh to napeesach

I don't speak Polish
nie mówię po polsku
n-yeh moov-yeh po polskoo

that's fine!
doskonale!
doskonaleh

bezpłatny	free, no charge
ciągnąć	pull
damski	ladies
dla panów	gents
dla pań	ladies
męski	gents
nie palić	no smoking
nieczynny	out of order
palenie wzbronione	no smoking
pchać	push
płatna ... zł	charge ... zlotys
proszę zamykać drzwi	please close the door
toaleta	lavatory, toilet
uwaga	beware, caution
wejście	entrance, way in
wolny	vacant
wstęp wolny	admission free
wstęp wzbroniony	no entry
wyjście	exit, way out
wyjście zapasowe	emergency exit
wzbroniony	forbidden
zajęty	engaged

10

COMING AND GOING

airport	lotnisko *lotneesko*
baggage	bagaż *bagash*
book *(in advance)*	rezerwować *rezervovach*
coach	autokar *awtokar*
docks	przystań portowa *pshistan portova*
ferry	prom *prom*
gate *(at airport)*	wyjście *vi-yush-cheh*
harbour	port *port*
plane	samolot *samolot*
sleeper	wagon sypialny *vagon sip-yalni*
station	dworzec *dvozhets*
taxi	taksówka *taksoofka*
terminal *(air)*	dworzec lotniczy *dvozhets lotneechi*
train	pociąg *pochonk*

a ticket to ...
bilet do ...
beelet do

I'd like to reserve a seat
chciałbym *(m)*/chciałabym *(f)* zarezerwować miejsce
siedzące
*Hchawubim/Hchawabim zarezervovachm-yaystseh
shedzontseh*

smoking/non-smoking please
proszę dla palących/niepalących
prosheh dla palontsih/n-yepalontsih

a window seat please
proszę o miejsce przy oknie
prosheh o m-yaystseh pshi okn-yeh

which platform is it for ...?
z którego peronu odjeżdża pociąg do ...?
z ktoorego peronoo od-yezh-dzha pochong do

11

COMING AND GOING

what time is the next flight?
o której godzinie jest następny samolot?
o ktooray godjeen-yeh yest nastempni samolot

is this the right train for ...?
czy to jest pociąg do ...?
chi to yest pochong do

is this bus going to ...?
czy ten autobus jedzie do ...?
chi ten awtoboos yedjeh do

is this seat free?
czy to miejsce jest wolne?
chi to m-yaystseh yest volneh

do I have to change (trains)?
czy muszę się przesiadać?
chi moosheh sheh psheshadach

is this the right stop for ...?
czy ten przystanek to ...?
chi ten pshistanek to

which terminal is it for ...?
z którego dworca do ...?
sktoorego dvortsa do

is this ticket ok?
czy to jest dobry bilet?
chi to yest dobri beelet

I want to change my ticket
chiałbym/chciałabym zmienić bilet
Hchawubim/Hchawabim zm-yeneech beelet

thanks for a lovely stay
dziękujemy za wspaniały pobyt
djenkoo-yemi za fspan-yawi pobit

thanks very much for coming to meet me
(to a man) dziękuję bardzo, że pan po mnie wyszedł
djenkoo-yeh bardzo zheh pan po mn-yeh vishedwuh
(to a woman) dziękuję bardzo, że pani po mnie wyszła
djenkoo-yeh bardzo zheh panee po mn-yeh vishwa

12

COMING AND GOING

well, here we are in ...
oto jesteśmy w ...
oto yesteshmi v

czy ma pan/pani coś do oclenia?
chi ma pan/panee tsosh do otslen-ya
anything to declare?

proszę otworzyć walizkę
prosheh otvozhich valizkeh
would you mind opening this bag please?

dla niepalących	non smoking
dla palących	smoking
kontrola celna	customs
kontrola paszportowa	passport control
krajowy	domestic
lądowanie	landing
lot	flight
lot opóźniony	delayed flight
lotnisko	airport
międzynarodowy	international
odloty	departures
odprawa bagażu	check-in
odprawa celna	customs clearance
odprawa paszportowa	check-in
prosimy zapiąć pasy	fasten your seatbelts
przechowalnia bagażu	left luggage
przyloty	arrivals
start	take-off
wejście	way in
wyjście	exit, gate, way out
wymiana dewiz	currency exchange

GETTING A ROOM

balcony	balkon *balkon*
bed	łóżko *wooshko*
breakfast	śniadanie *shn-yadan-yeh*
dining room	jadalnia *yadaln-ya*
dinner	obiad *ob-yat*
double room	pokój dwuosobowy *pokoo-yuh dvoo-osobovi*
guesthouse	pensjonat *pens-yonat*
hotel	hotel *Hotel*
key	klucz *klooch*
lunch	obiad *ob-yat*
night	noc *nots*
private bathroom	własna łazienka *vwasna wazhenka*
reception	recepcja *retsepts-ya*
room	pokój *pokoo-yuh*
shower	prysznic *prishneets*
single room	pokój jednoosobowy *pokoo-yuh yedno-osobovi*
with bath	z łazienką *zwazhenkONG*
youth hostel	schronisko młodzieżowe *sHroneesko mwodjezhoveh*

do you have a room for one night?
czy mają państwo wolny pokój na jedną noc?
chi mī-ONG panstvo volni pokoo-yuh na yednONG nots

do you have a room for one person?
czy mają państwo pokój jednoosobowy?
chi mī-ONG panstvo pokoo-yuh yedno-osobovi

do you have a room for two people?
czy mają państwo pokój dwuosobowy?
chi mī-ONG panstvo pokoo-yuh dvoo-osobovi

we'd like to rent a room for a week
chcielibyśmy pokój na tydzień
Hcheleebishmi pokoo-yuh na tidjen

14

GETTING A ROOM

I'm looking for a good cheap room
szukam dobrego, taniego pokoju
shookam dobrego tan-yego poko-yoo

I have a reservation
mam rezerwację
mam rezervats-yeh

how much is it?
ile kosztuje?
eeleh koshtoo-yeh

can I see the room please?
czy można obejrzeć pokój?
chi mozhna obayzhech pokoo-yuh

does that include breakfast?
czy cena obejmuje śniadanie?
chi tsena obaymoo-yeh shn-yadan-yeh

a room overlooking the sea
pokój z widokiem na morze
pokoo-yuh zveedok-yem na mozheh

we'd like to stay another night
chcielibyśmy zostać jeszcze jedną noc
Hcheleebishmi zostach yesh-cheh yednONG nots

we will be arriving late
przyjedziemy późno
pshi-yedjemi poozhno

can I have my bill please?
proszę o rachunek
prosheh o raHoonek

I'll pay cash
zapłacę gotówką
zapwatseh gotoofkONG

can I pay by credit card?
czy można zapłacić kartą kredytową?
chi mozhna zapwacheech kartONG kreditovONG

at what time do you serve breakfast/dinner?
o której godzinie jest śniadanie/obiad?
o ktooray godjeen-yeh yest shn-yadan-yeh/ob-yat

15

GETTING A ROOM

will you give me a call at 6.30 in the morning?
proszę mnie obudzić o 6.30 rano
prosheh mn-yeh ob-oodjeech o shoostay ch-shidjesh-chee rano

can we have breakfast in our room?
czy możemy dostać śniadanie do pokoju?
chi mozhemi dostach shn-yadan-yeh do poko-yoo

thanks for putting us up
dziękujemy za gościnę
djenkoo-yemi za gosh-cheeneh

droga pożarowa	fire escape
informacja turystyczna	tourist information
kierownik	manager
parter	ground floor
pełne utrzymanie	full board
piętro	floor
pokoje do wynajęcia	rooms to let
prysznic	shower
recepcja	reception
toaleta	lavatory
schronisko młodzieżowe	youth hostel
winda	lift
wolne pokoje	room vacancies
wyjście zapasowe	emergency exit

EATING OUT

bill	rachunek *raHoonek*
dessert	deser *deser*
drink *(verb)*	pić *peech*
eat	jeść *yesh-ch*
food	jedzenie *yedzen-yeh*
main course	drugie danie *droog-yeh dan-yeh*
menu	menu; jadłospis *men-yoo; yadwospees*
restaurant	restauracja *restawrats-ya*
salad	sałatka *sawatka*
service	obsługa *opswooga*
starter	zakąska *zakonska*
tip	napiwek *napeevek*
waiter	kelner *kelner*
waitress	kelnerka *kelnerka*

a table for three, please
proszę o stolik dla trzech osób
prosheh o stoleek dla tsheH osoop

waiter!
proszę pana!
prosheh pana

waitress!
proszę pani!
prosheh panee

can I see the menu?
proszę o menu
prosheh o men-yoo

we'd like to order
chcielibyśmy zamówić
Hcheleebishmi zamooveech

what do you recommend?
(to a man/woman) co pan/pani poleca?
tso pan/panee poletsa

17

EATING OUT

I'd like ... please
proszę o ...
prosheh o

can I have what he's having?
proszę o to samo co ten pan
prosheh o to samo tso ten pan

that's for me
to dla mnie
to dla mn-yeh

some more bread please
czy można prosić więcej pieczywa?
chi mozhna prosheech v-yentsay p-yechiva

a bottle of red/white wine please
proszę butelkę czerwonego/białego wina
prosheh bootelkeh chervonego/b-yawego veena

could we have the bill, please?
proszę o rachunek
prosheh o raHoonek

bar	bar, buffet
bar jarski/mleczny	self-service snack bar, serving vegetarian type meals, soft drinks and desserts
jadłospis	menu
karta dań	menu
karta win	wine list
kawiarnia	café serving coffee, tea, cakes, desserts and wine
na wynos	take away
samoobsługa	self-service
szatnia	cloakroom

barszcz czerwony beetroot soup
barszcz z uszkami beetroot soup with small ravioli-type pasta parcels
barszcz zabielany beetroot soup with sour cream
befsztyk tatarski beef Tartar — minced raw beef with raw egg and seasoning
befsztyk z polędwicy sirloin steak
beza meringue
bigos hunter's stew — Polish national dish made with sauerkraut, stewed pork and sausage
bita śmietana whipped cream
boćwinka/botwinka soup made from young beet leaves
brizol beef steak
brukselka Brussels sprouts
budyń blancmange
bukiet z jarzyn assorted vegetables
bułeczka bread roll
bułka white loaf
buraczki boiled and grated beetroot
chleb brown bread
ciastko pastry; cake
ciastko z kremem cream cake
ciasto cake
chłodnik cold beetroot soup with cream
cielęcina veal
comber barani w śmietanie saddle of mutton in sour cream
comber sarni loin of venison
fasola szparagowa French beans
fasolka po bretońsku beans, bacon and sausage in tomato sauce
filet cielęcy veal escalope
flaczki cielęce veal tripe with seasoning
frytki chips
galaretka owocowa fruit jelly

19

MENU READER

gęś pieczona roast goose
gołąbki cabbage leaves stuffed with meat and rice
gruszka w czekoladzie pear in hot chocolate sauce
grzyby mushrooms
gulasz goulash
herbata tea
herbata z cytryną lemon tea
jabłko apple
jajecznica scrambled eggs
jajka faszerowane stuffed eggs
jajko egg
jajko na miękko soft-boiled egg
jajko na twardo hard-boiled egg
jajko sadzone fried egg
kaczka z jabłkami roast duck with apples
kanapka sandwich
kapusta kwaszona sauerkraut
kapuśniak cabbage soup
karp w galarecie carp in aspic
kartoflanka potato soup
kasza gryczana buckwheat
kawa czarna black coffee
kawa ze śmietanką coffee with cream
kiełbasa sausage
kisiel cranberry desert
klopsiki w sosie pomidorowym meatballs in tomato sauce
kluski noodles
kompot compote, stewed fruit
kompot z jabłek apple compote
kompot z rabarbaru rhubarb compote
kopytka potato dumplings
korniszony gherkins
kotlet chop, cutlet
kotlet cielęcy veal escalope
kotlet de volaille breaded chicken fillet
kotlet jarski vegetarian cutlet
kotlet mielony minced meat cutlet
kotlet schabowy pork chop
kura w potrawce chicken fricassee

MENU READER

kura w rosole boiled chicken in broth
kurczę pieczone roast chicken
kurczę z rożna barbecued chicken
kuropatwa partridge
lody ice cream
lody czekoladowe chocolate ice cream
lody truskawkowe strawberry ice cream
lody waniliowe vanilla ice cream
łosoś salmon
makowiec poppy-seed cake
marchewka z groszkiem carrots and green peas
masło butter
Mazowszanka (R) mineral water
mizeria sliced cucumber with sour cream
mleko milk
nadzienie stuffing
naleśniki pancakes
naleśniki z marmoladą pancakes with jam
naleśniki z serem pancakes with curd cheese
ogórki kwaszone cucumbers in brine
omlet z pieczarkami mushroom omelette
oranżada orangeade
parówka frankfurter
pasztet z zająca hare pâté
pieczarki z patelni fried mushrooms
pieczeń cielęca roast veal
pieczeń wieprzowa roast pork
pieczeń z dzika roast wild boar
pieczywo bread
pierogi dumplings
pierogi leniwe curd cheese dumplings
pierogi z jagodami bilberry dumplings
pierogi z kapustą i grzybami sauerkraut and mushroom
   dumplings
pierogi z mięsem meat dumplings
placki ziemniaczane potato pancakes
przepiórka quail
pstrąg z wody poached trout
pulpety meatballs
pulpety w sosie grzybowym meatballs in mushroom
   sauce

MENU READER

pulpety w sosie pomidorowym meatballs in tomato sauce
rolmops marinated herring
rosół z makaronem clear soup with noodles
rozbef roast beef
rumsztyk rump steak
ryba fish
ryż rice
sałata lettuce
sałatka side salad
sałatka jarzynowa Russian salad
sałatka śledziowa herring salad
sałatka z pomidorów tomato and onion salad
schab pieczony roast loin of pork
ser cheese
ser biały curd cheese
ser żółty hard cheese
sernik cheese cake
śledź herring
śledź w oliwie herring in oil
śledź w śmietanie herring in sour cream
sok ananasowy pineapple juice
sok grejpfrutowy grapefruit juice
sok malinowy raspberry juice
sok pomarańczowy orange juice
sok pomidorowy tomato juice
sok truskawkowy strawberry juice
sok wiśniowy sour cherry juice
sok z czarnej porzeczki blackcurrant juice
sos sauce
sos beszamel white sauce
sos grzybowy mushroom sauce
sos koperkowy dill sauce
sos mięsny gravy
sos pomidorowy tomato sauce
stek steak
surówka side salad
surówka z czerwonej kapusty shredded red cabbage
surówka z marchwi grated raw carrots
szarlotka apple charlotte
szaszłyk z polędwicy beef sirloin kebab

MENU READER

sznycel cielęcy Wiener schnitzel
sztuka mięsa w sosie chrzanowyn boiled beef with
   horseradish sauce
szynka ham
tort gâteau
tort kawowy coffee gâteau
tort orzechowy walnut gâteau
tuńczyk tuna fish
twarożek ze szczypiorkiem cottage cheese with chives
woda mineralna mineral water
węgorz wędzony smoked eel
wieprzowina pork
wino białe white wine
wino czerwone red wine
wino grzane mulled wine
wino musujące sparkling wine
wino słodkie sweet wine
wino wytrawne dry wine
wołowina beef
zając w śmietanie roast hare with cream sauce
ziemniaki potatoes
ziemniaki puree mashed potatoes
ziemniaki w mundurkach jacket potatoes
z rusztu grilled
zrazy zawijane stuffed rolled beef, usually filled with
   bacon, dill cucumber and prunes
zupa soup
zupa grzybowa mushroom soup
zupa jarzynowa vegetable soup
zupa ogórkowa cucumber soup
zupa owocowa fruit soup
zupa pomidorowa tomato soup
zupa rybna fish soup
zupa szczawiowa sorrel soup
żeberka spare ribs
żurek sour rye soup

HAVING A DRINK

bar	bar *bar*
beer	piwo *peevo*
coke (R)	Coca Cola *koka kola*
dry	wytrawne *vitravneh*
fresh orange	sok pomarańczowy *sok pomaranchovi*
gin and tonic	gin z tonikiem *djeen stoneek-yem*
ice	lód *loot*
lager	piwo *peevo*
lemonade	lemoniada *lemon-yada*
pub	bar *bar*
red	czerwone *chervoneh*
straight	czysty *chisti*
sweet	słodkie *swotk-yeh*
vodka	wódka *vootka*
whisky	whisky *wiski*
white	białe *b-yaweh*
wine	wino *veeno*

let's go for a drink
chodźmy na drinka
Hochmi na dreenka

a beer please
proszę jedno piwo
prosheh yedno peevo

two beers please
proszę dwa piwa
prosheh dva peeva

a glass of red/white wine
kieliszek czerwonego/białego wina
k-yeleeshek chervonego/b-yawego veena

with lots of ice
proszę dużo lodu
prosheh doozho lodoo

24

HAVING A DRINK

no ice thanks
proszę bez lodu
prosheh bez lodoo

the same again please
proszę jeszcze raz to samo
prosheh yesh-cheh ras to samo

what'll you have?
(to a man/woman) co dla pana/pani?
tso dla pana/panee

I'll get this round
moja kolejka
mo-ya kolayka

not for me thanks
dziękuję, dla mnie nie
djenkoo-yeh dla mn-yeh n-yeh

he's absolutely smashed
on jest zalany w trupa
on yest zalani ftroopa

jarzębiak	vodka flavoured with rowanberries
koniak	brandy
napoje bezalkoholowe	soft drinks
piwiarnia	beer cellar
sok owocowy	fruit juice
winiak	Polish brandy
winiarnia	wine bar
wiśniówka	sweet cherry vodka
wyborowa	best clear vodka
żubrówka	vodka flavoured with bison grass

COLLOQUIAL EXPRESSIONS

barmy	wariat *var-yat*
bastard	świnia *shveen-ya*
bird	lala *lala*
bloke	facet *fatset*
nutter	idiota *eed-yota*
pissed	zalany *zalani*
thickie	tępak *tempak*
twit	kretyn *kretin*

great!
super!
sooper

that's awful!
to okropne!
to okropneh

shut up!
cicho bądź!
cheeho bonch

ouch!
au!
a-oo

yum-yum!
mniam mniam
mn-yam mn-yam

I'm absolutely knackered
jestem zupełnie wykończony *(m)*/wykończona *(f)*
yestem zoopewn-yeh vikonchoni/vikonchona

I'm fed up
mam wszystkiego dość
mam fshistk-yego dosh-ch

I'm fed up with ...
mam dosyć ...
mam dosich

COLLOQUIAL EXPRESSIONS

don't make me laugh!
nie żartuj!
n-yeh zhartoo-yuh

you've got to be joking!
żartujesz!
zhartoo-yesh

it's rubbish *(goods etc)*
to nic nie warte
to nits n-yeh varteh

it's a rip-off
to zdzierstwo
to zdjerstvo

get lost!
zjeżdżaj!
z-yezhdjī

it's a damn nuisance
cholerny kłopot
Holerni kwopot

it's absolutely fantastic
to jest po prostu fantastyczne!
to yest po prostoo fantastichneh

co się tu dzieje?	what's going on?
nie ma mowy	no way
nie ma sprawy	no problem
o co chodzi?	what's the matter?
to kompletny wariat	he is completely barmy
zaraz, zaraz	hey, hang on, wait a minute

GETTING AROUND

bike	rower *rover*
bus	autobus *awtoboos*
car	samochód *samoHoot*
change *(trains)*	przesiadać się *psheshadach sheh*
garage *(for fuel)*	stacja benzynowa *stats-ya benzinova*
hitch-hike	podróżować autostopem *podroozhovach awtostopem*
map	mapa *mapa*
motorbike	motocykl *mototsikl*
petrol	benzyna *benzina*
return (ticket)	bilet powrotny *beelet povrotni*
single (ticket)	bilet w jedną stronę *beelet v-yednONG stroneh*
station	dworzec *dvozhets*
taxi	taksówka *taksoofka*
ticket	bilet *beelet*
train	pociąg *pochonk*
underground	metro *metro*

I'd like to rent a car
chciałbym (m)/chciałabym (f) wynająć samochód
Hchawubim/Hchawabim vinī-onch samoHoot

how much is it per day?
ile się płaci za dzień?
eeleh sheh pwachee za djen

when do I have to bring the car back?
kiedy mam zwrócić samochód?
k-yedi mam zvroocheech samoHoot

I'm heading for ...
jadę do ...
yadeh do

how do I get to ...?
jak mam jechać do ...?
yak mam yeHach do

28

REPLIES

prosto
prosto
straight on

proszę skręcić w lewo/w prawo
prosheh skrencheech vlevo/fpravo
turn left/right

to tamten budynek
to tamten boodinek
it's that building there

trzeba zawrócić
tsheba zavroocheech
it's back that way

pierwsza/druga/trzecia na lewo
p-yerfsha/drooga/tshecha na levo
first/second/third on the left

we're just travelling around
zwiedzamy okolicę
zv-yedzami okoleetseh

I'm a stranger here
ja nie jestem tutejszy *(m)*/tutejsza *(f)*
ya n-yeh yestem tootayshi/tootaysha

is that on the way?
czy to po drodze?
chi to po drodzeh

can I get off here?
czy mogę tu wysiąść?
chi mogeh too vishonsh-ch

thanks very much for the lift
dziękuję bardzo za podwiezienie
djenkoo-yeh bardzo za podv-yezhen-yeh

two returns to ... please
proszę dwa bilety powrotne do ...
prosheh dva beeleti povrotneh do

GETTING AROUND

what time is the last train back?
o której godzinie jest ostatni pociąg z powrotem?
o ktooray godjeen-yeh yest ostatnee pochonk spovrotem

we want to leave tomorrow and come back the day after
chcemy jechać jutro a wrócić pojutrze
Htsemi yehach yootro a vroocheech po-yootsheh

we're coming back the same day
wracamy tego samego dnia
vratsami tego samego dn-ya

is this the right platform for ...?
czy z tego peronu odchodzi pociąg do ...?
chi stego peronoo otHodjee pochong do

is this train going to ...?
czy ten pociąg jedzie do ...?
chi ten pochong yedjeh do

where are we?
gdzie jesteśmy?
gdjeh yesteshmi

which stop is it for ...?
gdzie mam wysiąść aby dostać się do ...?
gdjeh mam vishonsh-ch abi dostach sheh do

how far is it to the nearest petrol station?
gdzie tu jest najbliżej stacja benzynowa?
*gdjeh too yest ni**blee**zhay stats-ya benzinova*

I need a new tyre
potrzebna mi jest nowa opona
potshebna mee yest nova opona

it's overheating
silnik się przegrzewa
sheelneek sheh pshegzheva

there's something wrong with the brakes
coś jest nie w porządku z hamulcami
tsosh yest n-yeh fpozhontkoo s hamooltsamee

GETTING AROUND

autostrada	motorway
bufet	refreshments
dla niepalących	non-smoking
dla palących	smoking
dopłata	surcharge
druga klasa	2nd class
dworzec autobusowy	bus station
dworzec kolejowy	railway station
hamulec bezpieczeństwa	emergency brake
informacja	enquiries
kasa biletowa	ticket office
na żądanie	request stop
nie ma przejazdu	road closed
objazd	diverted traffic, detour
odjazdy	departures
pas szybkiego ruchu	fast lane
pierwsza klasa	1st class
PKP	Polish Railways
PKS	coach and country bus service
poczekalnia	waiting room
przechowalnia bagażu	left luggage
przyjazdy	arrivals
przystanek autobusowy	bus stop
przystanek tramwajowy	tram stop
PTTK	Polish Tourist Association
roboty drogowe	roadworks
ruch jednokierunkowy	one way traffic
w godzinach szczytu	at peak times
wagon restauracyjny	buffet car
wagon sypialny	sleeper
wyjście awaryjne	emergency exit
zakaz parkowania	no parking
zakręt	bend

SHOPPING

carrier bag	torba *torba*
cashdesk	kasa *kasa*
cheap	tani *tanee*
cheque	czek *chek*
department	dział *djaw*
expensive	drogi *drogee*
pay	płacić *pwacheech*
receipt	paragon *paragon*
shop	sklep *sklep*
shop assistant	*(m)* sprzedawca/*(f)* sprzedawczyni *spshedaftsa/spshedafchinee*
supermarket	Sam *sam*
till	kasa *kasa*

I'd like ...
proszę ...
prosheh

have you got ...?
czy mają państvo ...?
chi mī-ONG panstvo

how much is this?
ile to kosztuje?
eeleh to koshtoo-yeh

the one in the window
to na wystawie
to na vistav-yeh

do you take credit cards?
czy można zapłacić kartą kredytową?
chi mozhna zapwacheech kartONG kreditovONG

could I have a receipt please?
proszę o paragon
prosheh o paragon

SHOPPING

I'd like to try it on
chciałbym *(m)*/chciałabym *(f)* to przymierzyć
Hchaawubim/Hchawabim to pshim-yezhich

I'll come back
ja tu jeszcze wrócę
ya too yesh-cheh vrootseh

it's too big/small
to jest za duże/małe
to yest za doozheh/maweh

it's not what I'm looking for
to nie jest to, czego szukam
to n-yeh yest to chego shookam

I'll take it
wezmę to
vezmeh to

can you gift-wrap it?
proszę to ładnie zapakować
prosheh to wadn-yeh zapakovach

"Cepelia"	craft and souvenir shop
"Desa"	antique and jewellery shop
dom towarowy	department store
drogeria	toiletries and cosmetics shop
jubiler	jeweller's
konfekcja damska	ladies fashions
konfekcja męska	menswear
księgarnia	bookshop
otwarty	open
papeteria	stationery
Ruch	newsagent's kiosk also selling stamps and bus tickets
Sam	supermarket
sklep monopolowy	off licence
spożywczy	grocer's
wyprzedaż	sale
zamknięty	closed

POLAND AND THINGS POLISH

bigos	cabbage cooked with variety of meats
barszcz czerwony	beetroot soup
bursztyn	amber
haft	embroidery
Imieniny	name-day or Saint's Day
Jasna Góra	monastery in Częstochowa housing the painting 'Black Madonna'
Królewski Zamek	the Castle in Warsaw — original seat and stronghold of Mazovian dukes
krówki	Polish cream fudge
Oświęcim	Auschwitz — in 1941 designated an "extermination camp" where 4 million people were killed — now a museum
Pałac w Wilanowie	Wilanow Palace — Baroque residence built by King Jan III Sobieski (Warsaw
Park Łazienkowski	beautiful park in Warsaw — in summer open-air piano concerts are staged
Pewex	shop where goods can be bought with Western currency or złotys
Puszcza Białowieska	Białowieża Forest — one of largest forest areas of Central European Plain
Stare Miasto or Starówka	beautiful Old Town of Warsaw with famous Market Square
Tatry	Tatra mountains — highest mountain massif of Western Carpathians
Teatr Wielki	Grand Theatre of Opera and Ballet in Warsaw
Wawel	'citadel' of Cracow whose Cathedral houses tombs of famous Poles
węgorz wędzony	smoked eel — delicacy traditionally eaten with vodka
Wisła	Vistula — largest river in Poland
Zakopane	winter sports resort in the Tatra
Wszystkich Świętych	1 November — All Saints' Day — a national holiday, traditionally when the dead are remembered

MONEY

bank	rachunek raHoonek
bill	rachunek raHoonek
bureau de change	kantor wymiany walut kantor vim-yani valoot
cash dispenser	bankomat bankomat
change *(small)*	drobne drobneh
cheque	czek chek
credit card	karta kredytowa karta kreditova
exchange rate	kurs walutowy koors valootovi
expensive	drogi drogee
pounds (sterling)	funty szterlingi foonti shterleengee
price	cena tsena
receipt	kwit kveet
traveller's cheque	czek podróżny chek podroozhni
Zloty	złoty zwoti

how much is it?
ile to kosztuje?
eeleh to koshtoo-yeh

I'd like to change this into ...
chiałbym *(m)*/chciałabym *(f)*/wymienić to na ...
Hchaawubim/Hchawabim vim-yeneech to na

can you give me something smaller?
czy mogę dostać drobne (pieniądze)?
chi mogeh dostach drobneh p-yen-yondzeh

can I use this credit card?
czy można zapłacić tą kartą kredytową?
chi mozhna zapwacheech tONG kartONG kreditovONG

can we have the bill please?
proszę o rachunek
prosheh o raHoonek

MONEY

please keep the change
dziękuję, reszty nie trzeba
djenkoo-yeh reshti n-yeh tsheba

does that include service?
czy to obejmuje obsługę?
chi to obaymoo-yeh obswoogeh

I think the figures are wrong
chyba tu jest pomyłka
hiba too yest pomiwuka

I'm completely skint
nie mam grosza przy duszy
n-yeh mam grosha pshi dooshi

The unit is the złoty *(zwoti)*.

bank	bank
dewizy	foreign currency
gotówka	cash
kantor wymiany	bureau de change
kasa	cashdesk, cashier
książeczka czekowa	cheque book
kurs	exchange rate
moneta	coin
pieniądze	money
reszta	change
waluta	currency

ENTERTAINMENT

band *(pop)*	grupa *groopa*
cinema	kino *keeno*
concert	koncert *kontsert*
disco	dyskoteka *diskoteka*
film	film *film*
go out	wyjść *viysh-ch*
music	muzyka *moozika*
play *(theatre)*	sztuka *shtooka*
seat	miejsce *m-yaystseh*
show	przedstawienie *pshetstav-yen-yeh*
singer	*(m)* piosenkarz/*(f)* piosenkarka *p-yosenkash/p-yosenkarka*
theatre	teatr *teh-atr*
ticket	bilet *beelet*

are you doing anything tonight?
czy masz dziś wolny wieczor?
chi mash djeesh volni v-yechoor

do you want to come out with me tonight?
może się umówimy na wieczór?
mozheh sheh oomooveemi na v-yechoor

what's on?
co dziś grają?
tso djeesh grī-ONG

which is the best disco round here?
gdzie tu jest najlepsza dyskoteka?
gdjeh too yest nīlepsha diskoteka

let's go to the cinema/theatre
chodźmy do kina/teatru
Hochmi do keena/teh-atroo

I've seen it
już na tym byłem *(m)*/byłam *(f)*
yoosh na tim biwem/biwam

ENTERTAINMENT

I'll meet you at 9 o'clock at the station
spotkajmy się o 9-tej na stacji
spotkī́mi sheh o djev-yontay na stats-yee

can I have two tickets for tonight?
proszę dwa bilety na dziś wieczór
prosheh dva beeleti na djeesh v-yechoor

I'd like to book three seats for tomorrow
proszę mi zarezerwować trzy bilety na jutro
prosheh mee zarezervovach ch-shee beeleti na yootro

do you want to dance?
czy mogę prosić do tańca?
chi mogeh prosheech do tantsa

do you want to dance again?
może znowu zatańczymy?
mozheh znovoo zatanchimi

thanks but I'm with my boyfriend
dziękuję, ale jestem tu z moim chłopcem
djenkoo-yeh aleh yestem too zm-oeem Hwoptsem

let's go out for some fresh air
chodźmy na dwór
Hochmi nadvoor

will you let me back in again later?
czy będę mógł *(m)*/mogła *(f)* wejść z powrotem?
chi bendeh moogwuh/mogwa vaysh-ch spovrotem

I'm meeting someone inside
ktoś na mnie czeka w środku
ktosh namn-yeh cheka fshrotkoo

bilety wyprzedane	sold out
kabaret	floor show
kasa biletowa	booking office
nocny lokal	night club
lunapark	funfair
w rolach głównych	starring

BUSINESS

business	sprawy służbowe *spravi swoozhboveh*
business card	wizytówka *veezitoofka*
company	spółka *spoowuka*
contract	umowa; kontrakt *oomova; kontrakt*
fax *(noun)*	telefaks *telefax*
instalment	rata *rata*
invoice	faktura *faktoora*
managing director	dyrektor naczelny *direktor nachelni*
meeting	zebranie *zebran-yeh*
price	cena *tsena*
quote *(noun)*	podać cenę *podach tseneh*
target	cel *tsel*
telex	telex *telex*
workflow schedule	harmonogram pracy *harmonogram pratsi*

I have a meeting with Mr ...
jestem umówiony *(m)*/umówiona *(f)* z panem ...
yestem oomoov-yoni/oomoov-yona spanem

may I introduce Mr ...?
to jest pan ...
to yest pan

he is our technical director/sales director
oto nasz dyrektor techniczny/handlowy
oto nash direktor tehneechni/Handlovi

can we send you faxes in English?
czy możemy wysyłać telefaksy po angielsku?
chi mozhemi visiwach telefaksi po ang-yelskoo

I'd like to have time to think it over
muszę to dokładnie rozważyć
moosheh to dokwadn-yeh rozvazhich

39

BUSINESS

we're very excited about it
to nas bardzo interesuje
to nas bardzo interesoo-yeh

I'm afraid this is still a problem
niestety to jeszcze stanowi problem
n-yesteti to yesh-cheh stanovee problem

ok, that's a deal
zgoda, załatwione!
zgoda zawatv-yoneh

let's drink to a succesful partnership
wypijmy toast za pomyślność współpracy
vipee-yumi to-ast za pomishlnosh-ch fspoowupratsi

it's a pleasure doing business with you
dziękuję za przyjemną współpracę
djenkoo-yeh za pshi-yemnONG fspoowupratseh

biuro	office
data	date
godziny urzędowania	office hours
kierownik	manager
podpis	signature
pokój nr ...	room No ...
sekretarka	secretary

PROBLEMS

accident	wypadek *vipadek*
ambulance	pogotowie *pogotov-yeh*
broken	złamany *zwamani*
doctor	lekarz *lekash*
emergency	nagły wypadek *nagwi vipadek*
fire	pożar *pozhar*
fire brigade	straż pożarna *strash pozharna*
ill	chory *Hori*
injured	ranny *ranni*
late	późno *poozhno*
out of order	nieczynny/nie działa *n-yechinni/n-yeh djawa*
police	policja *poleets-ya*

can you help me? I'm lost
proszę mi pomóc, zabłądziłem *(m)*/zabłądziłam *(f)*
prosheh mee pomoots zabwondjeewem/zabwondjeewam

I've lost my passport
zgubiłem *(m)*/zgubiłam *(f)* paszport
zgoobeewem/zgoobeewam pashport

I've locked myself out of my room
zatrzasnąłem *(m)*/zatrzasnęłam *(f)* klucz w pokoju
zatshasnowem/zatshasnewam klooch fpoko-yoo

my luggage hasn't arrived
mojego bagażu nie ma
mo-yego bagazhoo n-yema

I can't get it open
nie mogę tego otworzyć
n-yeh mogeh tego otfozhich

it's jammed
zacięło się
zachewo sheh

41

PROBLEMS

I don't have enough money
mam za mało pieniędzy
mam za mawo p-yen-yendzi

I've broken down
zepsuł mi się samochód
zepsoowuh mee sheh samoHoot

this is an emergency
to nagły wypadek
to nagwi vipadek

help!
ratunku!
ratoonkoo

it doesn't work
to nie działa
to n-yeh djawa

the lights aren't working in my room
w moim pokoju nie zapala się światło
vmo-eem poko-yoo n-yeh zapala sheh shv-yatwo

the lift is stuck between floors
winda stanęła między piętrami
veenda stanewa m-yendzi p-yentramee

I can't understand a single word
nie rozumiem ani słowa
n-yeh rozoom-yem anee swova

can you get an interpreter?
proszę o tłumacza
prosheh o twoomacha

the toilet won't flush
woda nie spuszcza się w ubikacji
voda n-yeh spoosh-cha sheh voobeekats-yee

there's no plug in the bath
nie ma korka w wannie
n-yeh ma korka v van-yeh

there's no hot water
nie ma gorącej wody
n-yeh ma gorontsay vodi

42

PROBLEMS

there's no toilet paper left
nie ma papieru toaletowego
n-yeh ma pap-yeroo to-aletovego

I'm afraid I've accidentally broken the ...
chyba niechcący zepsułem *(m)*/zepsułam *(f)* ...
Hiba n-yeHtsontsi zepsoowem/zepsoowam

this man has been following me
ten mężczyzna za mną chodzi
ten mensh-chizna za mnONG Hodjee

I've been mugged
napadnięto na mnie
napadn-yento namn-yeh

my handbag has been stolen
ukradziono mi torebkę
ookradjono mee torebkeh

nie palić	no smoking
nieczynny	out of order
palenie wzbronione	no smoking
uwaga	beware, caution
uwaga, niebezpieczeństwo	danger
uwaga, wysokie napięcie	high voltage
uwaga, zły pies	beware of the dog
wstęp wzbroniony	no entry, keep out
zabrania się ...	do not ..., ... forbidden

bandage	bandaż *bandash*
blood	krew *kref*
broken	złamany *zwamani*
burn	oparzenie *opazhen-yeh*
chemist's	apteka *apteka*
contraception	antykoncepcja *antikontsepts-ya*
dentist	dentysta *dentista*
disabled	inwalida *eenvaleeda*
disease	choroba *Horoba*
doctor	lekarz *lekash*
health	zdrowie *zdrov-yeh*
hospital	szpital *shpeetal*
ill	chory *Hori*
nurse	pielęgniarka *p-yelengn-yarka*
wound	rana *rana*

I don't feel well
źle się czuję
zhleh sheh choo-yeh

it's getting worse
coraz gorzej
tsoras gozhay

I feel better
czuję się lepiej
choo-yeh sheh lep-yay

I feel sick
niedobrze mi
n-yedobzheh mee

I've got a pain here
boli mnie tutaj
bolee mn-yeh tootī

it hurts
boli
bolee

HEALTH

he's got a high temperature
on ma wysoką gorączkę
on ma visokONG goronchkeh

could you call a doctor?
proszę wezwać lekarza
prosheh vezvach lekazha

is it serious?
czy to coś poważnego?
chi to tsosh povazhnego

will he need an operation?
czy potrzebna będzie operacja?
chi potshebna bendjeh operats-ya

I'm diabetic
mam cukrzycę
mam tsookshitseh

keep her warm
proszę ją ciepło trzymać
prosheh yONG chepwo ch-shimach

have you got anything for ...?
proszę mi dać coś na ...
prosheh mee dach tsosh na

apteka	pharmacy
ośrodek zdrowia	health centre
pierwsza pomoc	first aid
po jedzeniu	after meals
pogotowie	casualty, ambulance
proszę wezwać pogotowie	phone for an ambulance
przed jedzeniem	before meals
przychodnia	outpatients
punkt sanitarny	first aid post
szpital	hospital
trzy razy dziennie	three times a day

I want to learn to sailboard
chcę się nauczyć pływać na desce wodnej
Htseh sheh na-oochich pwivach na destseh vodnay

how much is half an hour's waterskiing?
ile kosztuje pół godziny jazdy na nartach wodnych?
eeleh koshtoo-yeh poowuh godjeeni yazdi na nartaH vodniH

can we use the tennis court?
czy możemy korzystać z kortu tenisowego?
chi mozhemi kozhistach skortoo teneesovego

see you at the top of the skilift
spotkamy się na górze wyciągu narciarskiego
spotkami sheh na goozheh vichongoo narcharsk-yego

how much is a skipass?
ile kosztuje abonament zjazdowy?
eeleh koshtoo-yeh abonament z-yazdovi

I'd like to go and watch a football match
chciałbym *(m)*/chciałabym *(f)* zobaczyć mecz piłki
nożnej
Hchawubim/Hchawabim zobachich mech peewukee nozhnay

is it possible to go riding here?
czy tu można uprawiać jazdę konną?
chi too mozhna ooprav-yach yazdeh konONG

we're going to do some hill-walking
chcemy odbywać piesze wycieczki po wzgórzach
Htsemi odbivach p-yesheh vichechkee po vzgoozhaH

this is the first time I've ever tried it
robię to po raz pierwszy w życiu
rob-yeh to poras p-yerfshi vzhichoo

THE POST OFFICE

letter	list *leest*
poste restante	poste restante *post restant*
post office	poczta *pochta*
recorded delivery	polecony *poletsoni*
send	nadać *nadach*
stamp	znaczek *znachek*
telegram	telegram *telegram*

how much is a letter to Ireland?
ile kosztuje znaczek na list do Irlandii?
eeleh koshtoo-yeh znachek naleest do eerlandee

I'd like four ... stamps
proszę cztery znaczki po ...
prosheh chteri znachkee po

I'd like six stamps for postcards to England
proszę sześć znaczków na pocztówkę do Anglii
prosheh shesh-ch znachkoof na pochtoofkeh do anglee

is there any mail for me?
czy są dla mnie listy?
chi sONG dla mn-yeh leesti

I'm expecting a parcel from ...
oczekuję paczki z ...
ochekoo-yeh pachkee z

ekspres	express delivery
kod adresowy	postal code
poczta	post office, mail
pocztą lotniczą	by air mail
polecony	registered
przekaz	money order
skrzynka pocztowa	post box

TELEPHONING

directory enquiries	biuro numerów *b-yooro noomeroof*
engaged	zajęty *zī-enti*
extension	wewnętrzny *vevnentshni*
number	numer *noomer*
operator	centrala *tsentrala*
phone *(verb)*	telefonować *telefonovach*
phone box	budka telefoniczna *bootka telefonichna*
telephone	telefon *telefon*
telephone directory	książka telefoniczna *kshonshka telefoneechna*

is there a phone round here?
czy tu jest telefon?
chi too yest telefon

can I use your phone?
czy mogę skorzystać z telefonu?
chi mogeh skozhistach stelefonoo

I'd like to make a phone call to Britain
chciałbym *(m)*/chciałabym *(f)* zatelefonować do
Wielkiej Brytanii
Hchawubim/Hchawabim zatelefonovach dov-yelk-yay britanee

I want to reverse the charges
proszę o rozmowę R
prosheh o rozmoveh err

hello
halo
halo

could I speak to Anna?
czy mogę prosić Anna?
chi mogeh prosheech 'Anna'

48

TELEPHONING

hello, this is Simon speaking
halo, mówi Simon
halo moovee 'Simon'

can I leave a message?
czy mogę zostawić wiadomość?
chi mogeh zostaveech v-yadomosh-ch

do you speak English?
(to a man/woman) czy pan/pani mówi po angielsku?
chi pan/panee moovee po ang-yelskoo

could you say that again very very slowly?
proszę powtórzyć powoli słowo po słowie
prosheh poftoozhich povolee swovo po swov-yeh

could you tell him Jim called?
proszę mu powiedzieć, że dzwonił Jim
prosheh moo pov-yedjech zheh dzvoneewuh 'Jim'

could you ask her to ring me back?
proszę poprosić aby do mnie zadzwoniła
prosheh poprosheech abi domn-yeh zadzvoneewa

I'll call back later
zadzwonię później
zadzvon-yeh poozhn-yay

my number is ...
mój numer to ...
moo-yuh noomer to

76-32-11
siedemdziesiąt sześć — trzydzieści dwa — jedenaście
shedemdjeshont shesh-ch ch-shidjesh-chee dva yedenash-cheh

just a minute please
już proszę
yoosh prosheh

he's not in
nie ma go
n-yeh mą go

sorry, I've got the wrong number
przepraszam, to pomyłka
psheprasham to pomiwuka

49

TELEPHONING

it's a terrible line
bardzo źle słychać
bardzo zhleh swiHach

REPLIES

proszę czekać
prosheh chekach
hang on

kto mówi?
kto moovee
who's calling?

biuro numerów	directory enquiries
jest automatyczne połączenie	you can dial direct
pomyłka	wrong number
przy telefonie	speaking
rozmowa z przywołaniem	person-to-person call
rozmowa zamiejscowa	long-distance call
słuchawka	handset
wrzuć monetę	insert money

THE ALPHABET

how do you spell it?   **I'll spell it**
jak to się pisze?   pisze się ...
yak to sheh peesheh   *peesheh sheh*

a *a*	**f** *ef*	**m** *em*	**s** *ess*	**z** *zet*
ą *ONG*	**g** *g-yeh*	**n** *en*	**ś** *esh*	**ź** *zhet*
b *beh*	**h** *ha*	**ń** *en-yuh*	**t** *teh*	**ż** *zhet*
c *tseh*	**i** *ee*	**o** *o*	**u** *oo*	
ć *chuh*	**j** *yot*	**ó** *oo*	**v** *fow*	
d *deh*	**k** *ka*	**p** *peh*	**w** *voo*	
e *eh*	**l** *el*	**q** *koo*	**x** *eeks*	
ę *eng*	**ł** *o-wuh*	**r** *er*	**y** *eegrek*	

NUMBERS, THE DATE, THE TIME

0	zero *zero*
1	jeden *yeden*
2	dwa *dva*
3	trzy *ch-shi*
4	cztery *chteri*
5	pięć *p-yench*
6	sześć *shesh-ch*
7	siedem *shedem*
8	osiem *oshem*
9	dziewięć *djev-yench*
10	dziesięć *djeshench*

11	jedenaście *yedenash-cheh*
12	dwanaście *dvanash-cheh*
13	trzynaście *ch-shinash-cheh*
14	czternaście *chternash-cheh*
15	piętnaście *p-yentnash-cheh*
16	szesnaście *shesnash-cheh*
17	siedemnaście *shedemnash-cheh*
18	osiemnaście *oshemnash-cheh*
19	dziewiętnaście *djev-yentnash-cheh*
20	dwadzieścia *dvadjesh-cha*

21	dwadzieścia jeden *dvadjesh-cha yeden*
22	dwadzieścia dwa *dvadjesh-cha dva*
30	trzydzieści *ch-shidjesh-chee*
35	trzydzieści pięć *ch- shidjesh-chee p-yench*
40	czterdzieści *chterdjesh-chee*
50	pięćdziesiąt *p-yendjeshont*
60	sześćdziesiąt *sheshdjeshont*
70	siedemdziesiąt *shedemdjeshont*
80	osiemdziesiąt *oshemdjeshont*
90	dziewięćdziesiąt *djev-yendjeshont*
91	dziewięćdziesiąt jeden *djev-yendjeshontyeden*

NUMBERS, THE DATE, THE TIME

100	sto	*sto*
101	sto jeden	*sto **yed**en*
200	dwieście	*dv-**yesh**-cheh*
202	dwieście dwa	*dv-**yesh**-cheh dva*
1,000	tysiąc	*tishonts*
2,000	dwa tysiące	*dva tishontseh*
1,000,000	milion	*meel-yon*

1st	pierwszy	*p-**yerf**shi*
2nd	drugi	*droogee*
3rd	trzeci	*ch-shechee*
4th	czwarty	*chfarti*
5th	piąty	*p-**yon**ti*
6th	szósty	*shoosti*
7th	siódmy	*shoodmi*
8th	ósmy	*oosmi*
9th	dziewiąty	*djev-**yon**ti*
10th	dziesiąty	*djeshonti*

what's the date?
jaka jest dziś data?
yaka yest djeesh data

it's the first of June
pierwszy czerwca
*p-**yerf**shi cherftsa*

it's the tenth/twelfth of May 1994
dziesiąty/dwunasty maja tysiąc dziewięćset
dziewięćdziesiątego czwartego roku
*djeshonti/dvoonasti mī-a tishonts djev-yenset
djev-yendjeshontego chvartego rokoo*

what time is it?
która godzina?
ktoora godjeena

it's midday/midnight
jest południe/północ
yest powoodn-yeh/poowunots

NUMBERS, THE DATE, THE TIME

it's one/three o'clock
jest pierwsza/trzecia godzina
yest p-yerfsha/ch-shechna godjeena

it's twenty past three/twenty to three
jest dwadzieścia po trzeciej/za dwadzieścia trzecia
yest dvadjesh-cha po ch-shechay/za dvadjesh-cha ch-shecha

it's half past eight
jest w pół do dziewiątej
yest fpoowudo djev-yontay

it's a quarter past/a quarter to five
jest kwadrans po piątej/za kwadrans piąta
yest kfadrans po p-yontay/za kfadrans p-yonta

at two/five pm
o czternastej/siedemnastej
o chternastay/shedemnastay

a *(see grammar)*
about *(approx)* około *(+ gen)*
above nad *(+ instr)*
abroad za granicą
accelerator pedał gazu
accent akcent
accept przyjmować
accident wypadek
accommodation noclegi
accompany towarzyszyć
ache ból
adaptor *(for voltage)*
  przełącznik napięcia;
  (plug) rozgałęziacz
address adres
address book notatnik
  adresowy
adult dorosły *(m)*
advance: book tickets in
  advance kupować bilety w
  przedsprzedaży
advise radzić
aeroplane samolot
afraid: I'm afraid (of) boję się
  (+ gen)
after po *(+ loc)*
afternoon popołudnie
aftershave płyn po
  goleniu
afterwards potem
again znowu
against przeciw *(+ dat)*
age wiek
agency agencja

agent przedstawiciel; *(for*
  cars) ajent wynajmu
  samochodów
aggressive agresywny
ago: three days ago trzy dni
  temu
agree: I agree zgadzam się
AIDS AIDS
air powietrze
air-conditioned
  klimatyzowany
air-conditioning
  klimatyzacja
air hostess stewardessa
airline linia lotnicza
airmail: by airmail pocztą
  lotniczą
airport lotnisko
alarm alarm
alarm clock budzik
alcohol alkohol
alive żywy
all: all men/women
  wszyscy mężczyźni/
  wszystkie kobiety; **all the**
  milk/beer całe mleko/
  piwo; **all day** cały dzień
allergic to uczulony na *(+*
  acc)
all-inclusive cena łączna
allow pozwolić
allowed dozwolone
all right: that's all right w
  porządku
almost prawie
alone samotny
already już
also też

alternator alternator

although chociaż

altogether ogółem

always zawsze

a.m.: at 5 a.m. o piątej rano

ambulance *(service)* pogotowie; *(vehicle)* karetka pogotowia

America Ameryka

American amerykański

among między *(+ instr)*

amp: 13-amp 13-amperowy

ancestor przodek

anchor kotwica

ancient starożytny

and i

angina dusznica bolesna

angry zły

animal zwierzę *(n)*

ankle kostka

anniversary *(wedding)* rocznica ślubu

annoying irytujący

anorak kurtka ortalionowa

another *(different)* inny *(m)*, inna *(f)*, inne *(n)*; **another beer** jeszcze jedno piwo

answer odpowiedź

answer *(verb)* odpowiadać

ant mrówka

antibiotic antybiotyk

antifreeze płyn przeciw zamarzaniu

antihistamine antyhistamina

antique: it's an antique to jest antyk

antique shop sklep z antykami

antiseptic antyseptyczny

any: have you got any butter/bananas czy jest masło/czy są banany?; **I don't have any** nie ma

anyway w każdym razie

apartment mieszkanie

aperitif aperitif

apologize przepraszać

appalling przerażający

appendicitis zapalenie wyrostka robaczkowego

appetite apetyt

apple jabłko

apple pie szarlotka

appointment *(business)* umówiony termin; *(doctor's)* wizyta

apricot morela

April kwiecień

archaeology archeologia

area okolica

arm ręka

arrest aresztować

arrival przyjazd; *(plane)* przylot

arrive przybyć

art sztuka

art gallery galeria sztuki

artificial sztuczny

artist artysta *(m)*

as *(since)* jako że; **as beautiful as** piękny jak

ashamed: I'm ashamed jest mi wstyd

ashtray popielniczka

ask *(question)* pytać; *(for something)* prosić

asleep: he's asleep on śpi

asparagus szparagi

aspirin aspiryna

asthma astma

astonishing zdumiewający

at na *(+ loc)*; **at the station** na dworcu; **at Anna's** u Anny; **at 3 o'clock** o trzeciej godzinie

attractive atrakcyjny

ENGLISH-POLISH

aubergine oberżyna
audience publiczność
August sierpień
aunt ciotka
Auschwitz Oświęcim
Australia Australia
Australian australijski
Austria Austria
automatic automatyczny
autumn jesień *(f)*
awake: she's awake obudziła się
awful okropny
axe siekiera
axle oś *(f)*

baby niemowlę
baby-sitter osoba do pilnowania dzieci
bachelor kawaler
back *(of body)* plecy; **the back wheel/seat** tylne koło/siedzenie
backpack plecak
bacon boczek
bad zły
badly źle
bag torba
baggage check *(US)* przechowalnia bagażu
bake piec
baker sklep z pieczywem
balcony balkon
bald łysy
ball piłka
Baltic (Sea) Morze Bałtyckie
banana banan
bandage bandaż
bank bank

bar bar
barbecue rożen
barber fryzjer męski
barmaid barmanka
barman barman
basement suterena
basket koszyk
bath kąpiel *(f)*
bathing cap czepek kąpielowy
bathroom łazienka
bath salts sól do kąpieli *(f)*
bathtub wanna
battery bateria; *(for car)* akumulator
be być
beach plaża
beans fasola; **green beans** fasolka szparagowa
beard broda
beautiful piękny
because ponieważ
become stać się
bed łóżko; **single/double bed** łóżko jednoosobowe/dwuosobowe; **go to bed** położyć się do łóżka
bed linen bielizna pościelowa
bedroom sypialnia
bee pszczoła
beef wołowina
beer piwo
before przed *(+ instr)*
begin zacząć
beginner początkujący
beginning początek
behind za *(+ instr)*
beige beżowy
Belgium Belgia
believe wierzyć
bell dzwon; *(for door)* dzwonek

belong należeć
below pod (+ instr)
belt pasek
bend zakręt
best: the best najlepszy
better lepszy
between między (+ instr)
bicycle rower
big duży
bikini bikini (n)
bill rachunek
binding (ski) wiązanie
bird ptak
Birkenau Birkenau
biro (R) długopis
birthday urodziny; **happy birthday!** wszystkiego najlepszego na urodziny!
biscuit herbatnik
bit: a little bit odrobinkę
bite gryźć
bite (insect) ukąsić
bitter gorzki
black czarny
black and white czarno-biały
blackberry jeżyna
bladder pęcherz
blanket koc
bleach środek bielący
bleed krwawić
blind (cannot see) niewidomy
blister pęcherz
blocked zablokowany
blond blond
blood krew (f)
blood group grupa krwi
blouse bluzka
blow-dry modelowanie na szczotkę
blue niebieski
boarding pass karta wstępu na pokład

boat (small) łódź; (large) statek
body ciało
boil (verb: egg etc) gotowac; (of water etc) wrzeć
bolt zasuwa
bolt (verb) zaryglować
bomb bomba
bone kość; (in fish) ość (f)
bonnet (car) maska
book książka
book (verb) rezerwować
bookshop księgarnia
boot (shoe) but; (car) bagażnik
border granica
boring nudny
born: I was born in 1963 urodziłem się w roku 1963
borrow (from) pożyczyć od (+ gen)
boss szef
both: both of them oboje (m), obie (f), oba (n)
bottle butelka
bottle-opener klucz do otwierania butelek
bottom dno; (of body) pośladki; **at the bottom of** na dnie (+ gen)
bowl miska
box pudełko
box office kasa teatralna
boy chłopiec
boyfriend chłopiec
bra biustonosz
bracelet bransoletka
brake hamulec
brake (verb) hamować
brandy koniak
brave odważny
bread chleb; (white) bułka; (wholemeal) chleb razowy
break złamać

break down zepsuć się; **my car has broken down** zepsuł mi się samochód
breakdown *(nervous)* załamanie nerwowe
breakfast śniadanie
breast pierś *(f)*
breastfeed karmić piersią
breathe oddychać
brick cegła
bridge *(over river)* most
briefcase teczka
bring przynieść
Britain Wielka Brytania
British brytyjski
brochure broszura
broke: I'm broke jestem bez grosza
broken złamany
brooch broszka
broom szczotka do zamiatania
brother brat
brother-in-law szwagier
brown brązowy
bruise siniak
brush szczotka
Brussels sprouts brukselka
bucket wiadro
building budynek
bulb *(light)* żarówka
Bulgaria Bułgaria
bumper zderzak
bunk beds łóżko piętrowe *(sing)*
buoy boja
burn oparzenie
burn *(verb)* palić się; *(oneself)* sparzyć się
bus autobus
business sprawy służbowe
business trip podróż służbowa

bus station dworzec autobusowy
bus stop przystanek autobusowy
busy zajęty
but ale
butcher sklep mięsny
butter masło
butterfly motyl
button guzik
buy kupować
by przy *(+ loc);* **by car** samochodem

cabbage kapusta
cabin *(ship)* kabina
cable car kolejka linowa
café kawiarnia
cagoule cienka kurtka ortalionowa
cake *(small)* ciastko; *(large)* ciasto
cake shop cukiernia
calculator kalkulator
calendar kalendarz
call wołać
calm down uspokoić się
Calor gas *(R)* gaz do butli turystycznych
camera *(still)* aparat fotograficzny; *(movie)* kamera
campbed łóżko polowe
camping biwakowanie
campsite camping
can puszka
can: I/she can ja mogę/ona może; **can you ...?** czy może pan *(to a man)*/pani *(t*

a woman) ...?
Canada Kanada
Canadian kanadyjski
canal kanał
cancel odwołać
candle świeczka
canoe kajak
cap czapka
capitalism kapitalizm
captain kapitan
car samochód
caravan przyczepa
  turystyczna
caravan site camping dla
  przyczep tutystycznych
carburettor gaźnik
card karta; *(business)*
  wizytówka
cardboard tektura
cardigan sweter
car driver kierowca *(m)*
care: take care of zająć się
careful uważny; **be careful!**
  ostrożnie!
car park parking
Carpathian Mountains
  Karpaty
carpet dywan
car rental wynajem
  samochodów
carriage wagon
carrot marchewka
carry nieść
carry-cot łóżeczko-torba
cash: pay cash płacić
  gotówką
cash desk kasa
cash dispenser bankomat
cassette kaseta
cassette player magnetofon
  kasetowy
castle zamek
cat kot

catch łapać
cathedral katedra
Catholic katolicki
cauliflower kalafior
cause przyczyna
cave jaskinia
ceiling sufit
cemetery cmentarz
centigrade w skali Celsjusza
central heating centralne
  ogrzewanie
centre ośrodek; *(town)*
  centrum
century wiek
certificate zaświadczenie
chain łańcuch
chair krzesło
chairlift wyciąg krzesełkowy
chambermaid pokojówka
chance: by chance
  przypadkiem
change *(money returned)*
  reszta; *(small)* drobne
change *(verb: money)*
  zmieniać; *(clothes)* przebierać
  się; *(trains)* przesiadać się
changeable *(weather)*
  zmienny
charter flight lot czarterowy
cheap tani
check *(verb)* sprawdzać
check-in odprawa bagażowa
cheers! na zdrowie!
cheese ser
chemist apteka
cheque czek
cheque book książeczka
  czekowa
cheque card karta czekowa
cherry czereśnia; *(sour)*
  wiśnia
chest klatka piersiowa
chestnut kasztan

chewing gum guma do żucia
chicken kurczę
child dziecko
children's portion porcja dziecinna
chin podbródek
chips frytki; *(US)* chrupki
chocolate czekolada; **milk chocolate** czekolada mleczna; **plain chocolate** czekolada zwyczajna; **hot chocolate** czekolada pitna na gorąco
choke *(on car)* ssanie
choose wybierać
chop *(meat)* kotlet
Christian name imię
Christmas Boże Narodzenie
church kościół
cider jabłecznik
cigar cygaro
cigarette papieros
cinema kino
city miasto
city centre centrum miasta
class klasa; **first class** pierwsza klasa; **second class** druga klasa
classical music muzyka klasyczna
clean czysty
clean *(verb)* czyścić
cleansing cream mleczko kosmetyczne
clear *(obvious)* wyraźny
clever mądry
cliff urwisko
climate klimat
cloakroom *(coats)* szatnia
clock zegar
close *(verb)* zamykać
closed zamknięty
closet *(US)* szafa

clothes ubranie
clothes peg kołek do bielizny
cloud chmura
cloudy pochmurny
club klub
clutch sprzęgło
coach autokar
coast wybrzeże
coat palto
coathanger wieszak
cockroach karaluch
cocktail koktajl
cocoa kakao
coffee kawa; **white coffee** kawa z mlekiem
cold zimny
cold *(illness)* przeziębienie; **I've got a cold** jestem przeziębiony
cold cream krem kosmetyczny
collar kołnierz
collect call rozmowa R
collection zbiór
colour kolor
colour film film kolorowy
comb grzebień
come przyjść; **come back** wrócić; **come in!** proszę!
comfortable wygodny
communism komunizm
communist komunista *(m)*
compact disc płyta kompaktowa
company spółka
compartment przedział
compass kompas
complain złożyć zażalenie
complicated skomplikowany
compliment komplement
computer komputer
concentration camp obóz koncentracyjny

concert koncert
conditioner odżywka do włosów
condom prezerwatywa
conductor *(bus)* konduktor
confirm potwierdzić
congratulations! gratulacje!
connection połączenie
constipated cerpiący na zaparcie
consulate konsulat
contact *(verb)* skontaktować się
contact lenses szkła kontaktowe
contraceptive antykoncepcyjny
cook kucharz
cook *(verb)* gotować
cooker kuchenka
cooking utensils naczynia i przybory kuchenne
cool chłodny
corkscrew korkociąg
corner róg
correct poprawny
corridor korytarz
cosmetics kosmetyki
cost kosztować
cot łóżeczko
cotton bawełna
cotton wool wata
couchette kuszetka
cough kaszel
cough *(verb)* kaszleć
country *(state)* kraj
countryside okolica wiejska
course: of course oczywiście
cousin kuzyn *(m)*, kuzynka *(f)*
cow krowa
Cracow Kraków
crab krab
crafts rękodzieło

cramp skurcz
crankshaft wał korbowy
crash katastrofa
cream krem
cream puff ptyś
credit card karta kredytowa
crew załoga
crisps chrupki
crockery naczynia
cross *(verb)* przechodzić przez
crowd tłum
crowded zatłoczony
cruise wycieczka morska
crutches kule
cry płakać
cucumber ogórek
cup filiżanka
cupboard szafa
curtain zasłona
custom zwyczaj
customs cło
cut *(verb)* ciąć
cutlery sztućce
cycling jazda na rowerze
cyclist rowerzysta
cylinder head gasket uszczelka głowicy silnika
Czech czeski
Czechoslovakia Czechosłowacja

dad tatuś
damage *(verb)* uszkodzić
damp wilgotny
dance *(verb)* tańczyć
danger niebezpieczeństwo
dangerous niebezpieczny
dare ośmielić się

dark ciemny
dashboard tablica rozdzielcza
date *(time)* data
daughter córka
daughter-in-law synowa
day dzień; **the day before yesterday**; przedwczoraj; **the day after tomorrow** pojutrze
dead *(person)* zmarły; *(animal)* zdechły
deaf głuchy
dear drogi
death śmierć *(f)*
decaffeinated bezkafeinowa
December grudzień
decide decydować
deck pokład
deck chair leżak
deep głęboki
delay opóźnienie
deliberately umyślnie
delicious wyśmienity
demand żądać
dentist dentysta *(m)*
dentures proteza zębowa
deodorant dezodorant
department store dom towarowy
departure odjazd; *(plane)* odlot
depend: it depends to zależy
depressed przygnębiony
dessert deser
develop *(film)* wywołać
device urządzenie
diabetic chory na cukrzycę
dialect dialekt
dialling code numer kierunkowy
diamond brylant

diarrhoea rozwolnienie
diary notatnik
dictionary słownik
die umrzeć
diesel *(fuel)* olej napędowy
diet dieta
different inny
difficult trudny
dining car wagon restauracyjny
dining room jadalnia
dinner *(evening meal)* kolacja
direct bezpośredni
direction kierunek
directory enquiries biuro numerów
dirty brudny
disabled inwalida
disappear zniknąć
disappointed zawiedziony
disaster katastrofa
disco dyskoteka
disease choroba
disgusting obrzydliwy
disinfectant środek dezynfekujący
distance odległość
distributor rozdzielacz
district *(in town)* dzielnica
disturb przeszkadzać
dive nurkować
divorced rozwiedziony
do robić; **that'll do nicely** to wystarczy
doctor lekarz
document dokument
dog pies
doll lalka
dollar dolar
donkey osioł
door drzwi
double podwójny
double room pokój

dwuosobowy

down: I feel a bit down
jestem w marnym nastroju;
down there na dole

downstairs na dole

draught przeciąg

dream sen

dress sukienka

dress *(someone)* ubierać;
(oneself) ubierać się

dressing gown szlafrok

drink napój

drink *(verb)* pić

drinking water woda do
picia

drive prowadzić samochód

driver kierowca *(m)*

driving licence prawo jazdy

drop kropla

drop *(verb)* upuścić

drug *(narcotic)* narkotyk

drugstore apteka

drunk pijany

dry suchy; **dry wine** wino
wytrawne

dry *(verb)* wysuszyć

dry-cleaner pralnia
chemiczna

duck kaczka

durex *(R)* prezerwatywa

during podczas *(+ gen)*

dustbin pojemnik na śmieci

duty-free wolnocłowy

duty-free shop sklep w
strefie wolnocłowej

each każdy

ear ucho

early wczesny; *(too early)* za

wcześnie

earrings kolczyki

earth ziemia

east wschód; **east of** na
wschód od *(+ gen)*

Easter Wielkanoc

Eastern Europe Europa
Wschodnia

easy łatwy

eat jeść

egg jajko; **hard-boiled egg**
jajko na twardo; **soft-
boiled egg** jajko na miękko

egg cup kieliszek do jajek

either ... or ... albo ... albo ...

elastic gumka

Elastoplast *(R)* plaster

elbow łokieć

electric elektryczny

electricity elektryczność

elevator winda

else: something else coś
innego

elsewhere gdzie indziej

embarrassing żenujący

embassy ambasada

emergency nagły wypadek

emergency exit wyjście
zapasowe

empty pusty

end koniec

engaged *(toilet, phone)* zajęty;
(to be married) zaręczony

engine silnik

England Anglia

English angielski; **the
English** Anglicy

English girl/woman
Angielka

Englishman Anglik

enlargement powiększenie

enough dosyć; **that's
enough!** dość tego!

63

ENGLISH-POLISH

enter wejść
entrance wejście
envelope koperta
epileptic epileptyk
especially szczególnie
Europe Europa
European europejski
even: even men/if nawet
  mężczyźni/jeśli; even more
  beautiful jeszcze
  piękniejszy
evening wieczór; good
  evening dobry wieczór
every każdy; every time za
  każdym razem
every day codziennie
everyone wszyscy
everything wszystko
everywhere wszędzie
exaggerate przesadzać
example przykład; for
  example na przykład
excellent doskonały
except oprócz
excess baggage nadwaga
  bagażu
exchange wymiana
exchange rate kurs
  walutowy
exciting pasjonujący
excuse me przepraszam
exhaust rura wydechowa
exhibition wystawa
exit wyjście
expensive drogi
explain wyjaśnić
extension lead przedłużacz
eye oko
eyebrow brew (f)
eyeliner kredka do powiek
eye shadow cień do powiek

F

face twarz
factory fabryka
faint (verb) zemdleć
fair (funfair) lunapark
fair (adjective) sprawiedliwy
fall upaść
false fałszywy
family rodzina
famous sławny
fan wentylator
fan belt pas wentylatora
far (away) daleko
farm gospodarstwo rolne
farmer rolnik
fashion moda
fashionable modny
fast szybki
fat (on meat etc) tłuszcz
fat (adjective) gruby
father ojciec
father-in-law teść
fault: it's my/his fault to
  moja/jego wina
faulty wadliwy
faucet (US) kran
favourite ulubiony
fear strach
February luty
fed up: I'm fed up (with)
  mam dosyć
feel czuć; I feel well/unwell
  dobrze/źle się czuję; I feel
  like ... mam ochotę na ...
feeling uczucie
felt-tip pen pisak
feminist feminista
fence płot
ferry statek-prom; (small)
  prom

fever gorączka
few: few tourists mało turystó; **a few** kilka; **a few ...** kilku ... *(m)*, kilka ... *(f)*, kilkoro ... *(n)*
fiancé narzeczony
fiancée narzeczona
field pole
fight bójka
fight *(verb)* bić się
fill napełniać
fillet filet
filling *(tooth)* plomba
film film
filter filtr
find znaleźć
fine grzywna; *(for speeding etc)* mandat
fine *(weather)* ładny
finger palec
fingernail paznokieć
finish skończyć
fire ogień; *(blaze)* pożar
fire brigade straż pożarna
fire extinguisher gaśnica przeciwpożarowa
fireworks ognie sztuczne
first pierwszy; *(firstly)* po pierwsze
first class pierwsza klasa
first floor pierwsze piętro
first name imię
first aid pierwsza pomoc
fish ryba
fishbone ość *(f)*
fishing łowienie ryb
fishmonger sklep rybny
fit *(healthy)* w dobrej kondycji
fizzy gazowany
flag chorągiew *(f)*
flash flesz
flat mieszkanie
flat *(adjective: level)* płaski; **flat**

tyre guma
flavour smak
flea pchła
flight lot
flirt flirtować
floor *(of room)* podłoga; *(storey)* piętro
florist kwiaciarnia
flour mąka
flower kwiat
flu grypa
fly mucha
fly *(verb)* latać
fog mgła
folk art sztuka ludowa
folk music muzyka ludowa
folklore folklor
folklore festival święto ludowe
follow iść za *(+ instr)*
food jedzenie
food poisoning zatrucie pokarmowe
foot stopa; **on foot** pieszo
football piłka nożna
for dla *(+ gen)*
forbidden wzbronione
forehead czoło
foreign zagraniczny
foreigner cudzoziemiec
forest las
forget zapomnieć
fork widelec; *(in road)* rozwidlenie
form formularz
fortnight dwa tygodnie
fortunately na szczęście
forward *(mail)* przesyłać korespondencję na nowy adres
foundation cream podkład
fountain fontanna
fracture złamanie

France Francja
free wolny; *(of charge)* bezpłatny
free market wolny rynek
freezer zamrażalka
French fries frytki
fresh świeży
Friday piątek
fridge lodówka
friend przyjaciel *(m)*, przyjaciółka *(f)*
from: from London to Warsaw z Londynu do Warszawy
front *(part)* przód; in front of przed *(+ instr)*
frost mróz
frozen *(food)* mrożony
fruit owoce
fry smażyć
frying pan patelnia
full pełny
full board pełne utrzymanie
fun: have fun dobrze się bawić
funeral pogrzeb
funnel *(for pouring)* lejek
funny *(strange)* dziwny; *(amusing)* zabawny
furious wściekły
furniture meble
further dalej
fuse bezpiecznik
future przyszłość; go away! proszę stąd odejść!

game *(to play)* gra; *(meat)* dziczyzna
garage garaż

garden ogród
garlic czosnek
gas gaz; *(US: petrol)* benzyna
gas permeable lenses szkła kontaktowe przepuszczające powietrze
gate *(airport)* wyjście
gauge *(fuel)* paliwomierz
gay homoseksualista
Gdansk Gdańsk
gear bieg
gearbox skrzynka biegów
gear lever dźwignia zmiany biegów
gentleman pan
gents *(toilet)* toaleta męska
genuine autentyczny
German niemiecki
Germany Niemcy
get dostać; get: can you tell me how to get to ...? proszę mi powiedzieć jak mogę dostać się do ...?; get back *(return)* wrócić; get in *(car)* wsiąść do; get off wysiąść; get up wstać; get out! proszę stąd wyjść!
gin gin
gin and tonic gin z tonikiem
girl dziewczyna
girlfriend dziewczyna
give dać; give back oddać
glad zadowolony
glass szklanka
glasses okulary
gloves rękawiczki
glue klej
go iść; go in/up wejść; go out wyjść; go down zejść; go through przejść; go away wyjechać; go away! proszę stąd odejść!
goat koza

ENGLISH-POLISH

God Bóg
gold złoto
golf golf
good dobry; **good!** świetnie!
goodbye do widzenia
goose gęś
got: have you got ...? czy
  ma pan *(to a man)*/pani *(to a
  woman)* ...?
grammar gramatyka
grandfather dziadek
grandmother babka
grapefruit grejpfrut
grapes winogrona
grass trawa
grateful wdzięczny
greasy tłusty
Great Poland Wielkopolska
Greece Grecja
green zielony
greengrocer sklep
  warzywny
grey szary
grilled pieczony na ruszcie
grocer sklep spożywczy
ground floor parter
group grupa
guarantee gwarancja
guest gość
guesthouse pensjonat
guide przewodnik
guidebook przewodnik
guitar gitara
gun *(pistol)* rewolwer; *(rifle)*
  karabin

H

habit zwyczaj
hail *(ice)* grad
hair włosy

haircut ostrzyżenie
hairdresser fryzjer
hair dryer suszarka do
  włosów
hair spray lakier do włosów
half pół; **half a litre/day** pół
  litra/dnia; **half an hour** pół
  godziny
half board dwa posiłki
  dziennie
ham szynka
hamburger hamburger
hammer młotek
hand ręka
handbag torebka
handbrake hamulec ręczny
handkerchief chusteczka do
  nosa
handle uchwyt
hand luggage badaż
  podręczny
handsome przystojny
hanger wieszak
hangover kac
happen zdarzyć się
happy szczęśliwy; **happy
  Christmas!** Wesołych
  Świąt!; **happy New Year!**
  Szczęśliwego Nowego
  Roku!
harbour port
hard twardy
hard lenses szkła
  kontaktowe twarde
hat kapelusz
hate nienawidzieć
have mieć; **I have to ...**
  muszę ...
hay fever katar sienny
hazelnut orzech laskowy
he on
head głowa
headache ból głowy

headlights reflektory
health zdrowie
health resort uzdrowisko
healthy zdrowy
hear słuchać
hearing aid aparat słuchowy
heart serce
heart attack atak serca
heat gorąco
heater grzejnik
heating ogrzewanie
heavy ciężki
heel obcas
helicopter helikopter
hello dzień dobry
help pomoc; **help!** ratunku!
help *(verb)* pomagać
her *(possessive)* jej; *(direct)* jej, niej; *(indirect)* ją, nią; *(see grammar)*
herbs przyprawy ziołowe
here tu; **here is/are** oto
hers jej
hiccups czkawka
hide chować
high wysoki
highway code kodeks drogowy
hill wzgórze
him *(direct)* jego, go; *(indirect)* jemu, mu; *(see grammar)*
hip biodro
hire: for hire do wynajęć
his jego; **it's his** to należy do niego
history historia
hit uderzyć
hitchhike podróżować autostopem
hitchhiking autostop
hobby hobby
hold trzymać
hole dziura

holiday wakacje; *(public)* święto; **summer holidays** wakacje letnie
Holland Holandia
home: at home w domu; **go home** iść do domu
homemade domowej roboty
homesick: I'm homesick tęsknię za domem
honest uczciwy
honey miód
honeymoon miesiąc miodowy
hood *(US: car)* maska
hoover *(R)* odkurzacz
hope mieć nadzieję
horn klakson
horrible okropny
horse koń
horse riding jazda konna
hospital szpital
hospitality gościnność *(f)*
hot *(to touch)* gorący; *(to taste)* pieprzny
hotel hotel
hot-water bottle termofor
hour godzina
house dom
house wine wino firmowe
how? jak?; **how are you?** jak się pan *(to a man)*/pani *(to a woman)* ma?; **how are things?** co słychać?; **how many/much?** ile?
humour humor
Hungary Węgry
hungry głodny
hurry *(verb)* śpieszyć się; **hurry up!** szybko!; *(pol)* proszę się pospieszyć!
hurt boli
husband mąż

ENGLISH-POLISH

I ja
ice lód
ice cream lody
idea pomysł
idiot idiota *(m)*
if jeśli
ignition zapłon
ill chory
immediately natychmiast
important ważny
impossible niemożliwy
improve ulepszyć
in w (+ *loc*); **in London** w Londynie; **in Poland** w Polsce; **in English** po angielsku; **in 1945** w 1945-ym; **is he/she in?** czy go zastałem/zastałam?
included wliczony
incredible nie do wiary
independent niezależny
indicator *(car)* kierunkowskaz
indigestion niestrawność
industry przemysł
infection zakażenie
information informacja
information desk informacja
injection zastrzyk
injured ranny
inner tube dętka
innocent niewinny
insect owad
insect repellent płyn przeciw owadom
inside w środku
insomnia bezsenność
instant coffee kawa neska
instructor instruktor
insurance ubezpieczenie

intelligent inteligentny
interesting interesujący
introduce przedstawić
invitation zaproszenie
invite zaprosić
Ireland Irlandia
Irish irlandzki
iron *(metal)* żelazo; *(for clothes)* żelazko
iron *(verb)* prasować
ironmonger sklep z towarami żelaznymi
island wyspa
it to; **it is ...** to jest ...
Italy Włochy
itch swędzić
IUD wkładka śródmaciczna

jack *(car)* podnośnik
jacket kurtka
jam dżem
January styczeń
Jasna Gora Jasna Góra
jaw szczęka
jazz jazz
jazz festival festiwal jazzowy
jealous zazdrosny
jeans dżinsy
jeweller jubiler
jewellery biżuteria
Jewish żydowski
job praca
jogging bieganie dla zdrowia; **go jogging** biegać dla zdrowia
joint *(to smoke)* skręt
joke żart
journey podróż

jug dzbanek
juice sok
July lipiec
jump skakać
jumper sweter
junction skrzyżowanie
June czerwiec
just: just two tylko dwa

keep trzymać
kettle czajnik
key klucz
kidneys nerki; *(to eat)* cynaderki
kill zabić
kilo kilo
kilometre kilometr
kind uprzejmy
king król
kiss pocałunek
kiss *(verb)* całować
kitchen kuchnia
knee kolano
knife nóż
knit robić na drutach
knock over *(of car)* przejechać
know wiedzieć; *(person)* znać; **I don't know** nie wiem

label etykietka
ladder drabina
ladies *(room)* toaleta damska
lady pani
lager piwo

lake jezioro
lamb jagnię
lamp lampa
land *(verb)* lądować
landscape krajobraz
language język
language school szkoła języków obcych
large duży
last ostatni; **at last** nareszcie; **last year** w zeszłym roku
late późny; **arrive/be late** spóźnić się
laugh śmiać się
launderette pralnia samoobsługowa
laundry *(to wash)* bielizna do prania; *(place)* pralnia
law prawo
lawn trawnik
lawyer prawnik
laxative środek przeczyszczający
lazy leniwy
leaf liść
leaflet broszura
leak *(water)* wyciek; *(gas)* upływ
learn uczyć się
least: at least przynajmniej
leather skóra
leave opuścić; *(go away)* wyjechać; *(forget)* zostawić
left lewy; **on the left of** na lewo od *(+ gen)*
left-handed leworęczny
left luggage przechowalnia bagażu
leg noga
lemon cytryna
lemonade lemoniada
lemon tea herbata z cytryną
lend pożyczyć *(+ dat)*

ength długość
ens obiektyw
ess mniej
esson lekcja
et *(allow)* pozwolić
etter list
etterbox skrzynka pocztowa
ettuce sałata
evel crossing skrzyżowanie jednopoziomowe
ibrary biblioteka
icence zezwolenie
id pokrywka
ie *(say untrue)* kłamać
ie down położyć się
ife życie
ift *(elevator)* winda
ift: give a lift to podwieźć
ight *(room, car)* światło; **have you got a light?** czy mogę prosić o ogień?
ight *(adjective)* lekki
ght blue jasnoniebieski
ght *(verb)* zapalić
ght bulb żarówka
ghter zapalniczka
ghthouse latarnia morska
ght meter światłomierz
ke lubić; **I would like** chciałbym *(m)*, chciałabym *(f)*; **(as)** tak jak
p warga
ps usta
pstick kredka do ust
queur likier
st lista
sten (to) słuchać
tre litr
tter śmieci
ttle mały; **a little bit (of)** trochę
ittle Poland Małopolska
ve *(in town etc)* mieszkać

liver *(organ)* wątroba; *(to eat)* wątróbka
living room salon
lobster homar
lock zamek
lock *(verb)* zamykać na klucz
lollipop lizak
London Londyn
long długi; **a long time** przez długi czas
look: look (at) patrzeć; *(seem)* sprawiać wrażenie; **look like** wyglądać jak; **look for** szukać; **look out!** uwaga!
lorry ciężarówka
lose zgubić
lost property office biuro rzeczy znalezionych
lot: a lot (of) dużo
loud głośny
lounge salon
love miłość; **make love** kochać się z *(+ instr)*
love *(verb)* kochać
lovely śliczny
low niski
Lublin Lublin
luck los; **good luck!** powodzenia!
luggage bagaż
lukewarm letni
lunch obiad; **have lunch** jeść obiad
lungs płuca

mad szalony
Madam proszę pani
magazine czasopismo

maiden name nazwisko
panieńskie
mail poczta
main główny
make robić
make-up makijaż
man mężczyzna
manager kierownik
many dużo
map mapa; *(of town)* plan
March marzec
margarine margaryna
market rynek
marmalade marmolada
married żonaty *(m)*, mężatka
(f)
mascara tusz do rzęs
mass msza
match *(light)* zapałka; *(sport)*
mecz
material materiał
matter: it doesn't matter nic
nie szkodzi
mattress materac
May maj
maybe być może
mayonnaise majonez
Mazovia Mazowsze
me: for me dla mnie; **me too**
ja też; *(see grammar)*
meal posiłek; **enjoy your
meal!** smacznego!
mean *(verb)* znaczyć
measles odra; **German
measles** różyczka
meat mięso
mechanic mechanik
medicine *(drug)* lekarstwo
medium *(steak)* średnio
wysmażony
medium-sized średniej
wielkości
meet spotkać

meeting spotkanie
melon melon
mend naprawić
men's room *(US)* toaleta
męska
menu jadłospis; **set menu**
obiad firmowy
mess bałagan
message wiadomość
metal metal
metre metr
midday południe
middle środek
Middle Ages Średniowiecze
midnight północ
milk mleko
minced meat mięso mielone
mind: do you mind if I ...?
czy pozwoli pan *(to a
man)*/pani *(to a woman)* ...?
mine mój *(m)*, moja *(f)*, moje
(n); *(see grammar)*
mineral water woda
mineralna
minute minuta
mirror lustro
Miss Pani
miss *(train etc)* spóźnić się na;
I miss you tęsknię za tobą
mistake pomyłka
misunderstanding
nieporozumienie
mix mieszać
modern nowoczesny
moisturizer krem
nawilżający
Monday poniedziałek
money pieniądze
month miesiąc
monument pomnik
mood nastrój
moon księżyc
moped moped

more więcej; **no more ...** nie ma już ...
morning rano; **good morning** dzień dobry
mosquito komar
most (of) większość
mother matka
mother-in-law teściowa
motorbike motocykl
motorboat motorówka
motorway autostrada
mountain góra
mouse mysz *(f)*
moustache wąsy
mouth usta
move *(change position)* ruszać
movie film
movie theater *(US)* kino
Mr Pan
Mrs Pani
Ms Pani
much dużo; **not much time** niewiele czasu
mum mama
muscle mięsień
museum muzeum
mushrooms grzyby
music muzyka
music festival festiwal muzyczny
musical instrument instrument muzyczny
mussels małże
must: I/she must ja muszę/ona musi
mustard musztarda
my mój *(m)*, moja *(f)*, moje *(n)*; *(see grammar)*

nail *(in wall)* gwóźdź
nail clippers cążki do paznokci
nailfile pilnik do paznokci
nail polish lakier do paznokci
nail polish remover zmywacz lakieru do paznokci
naked nagi
name *(first)* imię; *(surname)* nazwisko; **what's your name?** jak się pan *(to a man)*/pani *(to a woman)* nazyw; **my name is Jim** na imię mi Jim
napkin serwetka
nappy pieluszka
nappy-liners wkładki jednorazowe do pieluszek
narrow wąski
nationality narodowość
natural naturalny
nature natura
near bliski; **near here** blisko stąd; **the nearest ...** najbliższy ...
nearly prawie
necessary konieczny
neck szyja
necklace naszyjnik
need: I need ... potrzeba mi ...
needle igła
negative *(film)* negatyw
neighbour sąsiad *(m)*, sąsiadka *(f)*
neither ... nor ... ani ... ani ...
nephew siostrzeniec
nervous nerwowy

73

neurotic nerwicowy
never nigdy
new nowy; *(brand-new)* zupełnie nowy
news wiadomości
newsagent sklep z gazetami; *(kiosk)* Ruch
newspaper gazeta
New Year Nowy Rok
New Year's Eve Sylwester
next przyszły; *(following)* następny; **next to** obok; **next year** w przyszłym roku
nice *(person)* miły; *(place)* ładny; *(food)* smaczny
nickname przewisko
niece siostrzenica
night noc *(f)*; **good night** dobranoc
nightclub lokal
nightdress koszula nocna
nightmare koszmar
no nie; **no ...** nie ma ...
nobody nikt
noise hałas
noisy hałaśliwy
non-smoking dla niepalących
normal normalny
north północ; **north of** na północ od *(+ gen)*
Northern Ireland Północna Irlandia
nose nos
not nie; **I'm not tired** nie jestem zmęczony
note *(money)* banknot
notebook notatnik
nothing nic
novel powieść *(f)*
November listopad
now teraz

nowhere nigdzie
number *(house, phone)* numer
number plate tablica rejestracyjna
nurse pielęgniarz *(m)*, pielęgniarka *(f)*
nut *(to eat)* orzech; *(for bolt)* nakrętka

obnoxious wstrętny
obvious oczywisty
October październik
of *(see grammar)*
off *(lights)* zgaszony
offend obrazić
offer *(verb)* zaofiarować
office biuro
off-licence sklep monopolowy
often często
oil olej
ointment krem
OK dobrze; **I'm OK** u mnie wszystko w porządku
old stary; **how old are you?** ile ma pan *(to a man)*/pani *(to a woman)* lat?; **I'm 25 years old** mam 25 lat
Old Town Stare Miasto
old-age pensioner rencista
olive oliwka
olive oil oliwa z oliwek
omelette omlet
on na *(+ loc)*; *(lights)* zapalony
once raz
one jeden *(m)*, jedna *(f)*, jedno *(n)*
onion cebula

ENGLISH-POLISH

only tylko
open *(adjective)* otwarty
open *(verb)* otwierać
opera opera
operation operacja
opposite naprzeciwko *(+ gen);* **opposite the church** naprzeciwko kościoła
optician optyk
optimistic optymistyczny
or albo
orange *(fruit)* pomarańcza
orange *(colour)* pomarańczowy
orchestra orkiestra
order zamówić
organize zorganizować
other inny
otherwise w przeciwnym razie
our nasz *(m)*, nasza *(f)*, nasze *(n)*, nasi *(m pers pl)*, nasze *(gen pl); (see grammar)*
ours: it's ours to należy do nas
out: she's out nie ma jej
outside na dworze
oven piecyk
over *(above)* nad; *(finished)* skończone
over there tam
overdone *(steak)* przesmażony
overtake wyprzedzać
owner właściciel
oyster ostryga

pack *(verb)* pakować
package paczka

package tour wycieczka turystyczna
packed lunch suchy prowiant
packet *(of cigarettes etc)* paczka
page strona
pain ból
painful bolący
painkiller środek przeciwbólowy
paint *(verb)* malować
paint brush pędzel
painting obraz
pair para
palace pałac
pancake naleśnik
panic panika
panties majtki
pants *(US)* spodnie
paper papier
parcel paczka
pardon? słucham?
parents rodzice
park park
park *(verb)* parkować
parking lot *(US)* parking
part część
party *(celebration)* przyjęcie; *(group)* grupa
pass *(mountain)* przełęcz
passenger pasażer
passport paszport
pasta makaron
pâté pasztet
path ścieżka
pavement chodnik
pay płacić
peach brzoskwinia
peanuts orzeszki ziemne
pear gruszka
peas groszek
pedal pedał

pedestrian pieszy
pedestrian crossing
  przejście dla pieszych
pedestrian precinct teren
  dla pieszych
pen pióro
pencil ołówek
pencil sharpener
  temperówka
penicillin penicylina
penis członek
penknife scyzoryk
people ludzie
pepper *(spice)* pieprz;
  (vegetable) papryka
per: per week za tydzień
per cent procent
perfect doskonały
perfume perfumy
period okres; *(woman's)*
  miesiączka
perm trwała ondulacja
person osoba
petrol benzyna
petrol station stacja
  benzynowa
phone *(verb)* telefonować
phone book książka
  telefoniczna
phone box budka
  telefoniczna
phone number numer
  telefonu
photograph fotografia
photograph *(verb)*
  fotografować
photographer fotograf
phrase book rozmówki
pickpocket złodziej
  kieszonkowy
picnic piknik
pie *(fruit)* placek
piece kawałek

pig świnia
piles hemoroidy
pill pigułka
pillow poduszka
pilot pilot
pin szpilka
pineapple ananas
pink różowy
pipe rura; *(to smoke)* fajka
pity: it's a pity jaka szkoda
pizza pizza
plane samolot
plant roślina
plastic plastyk
plastic bag torebka z folii
plate talerz
platform *(station)* peron
play *(theatre)* sztuka teatralna
play *(verb: game, instrument)*
  grać
pleasant przyjemny
please proszę
pleased zadowolony;
  pleased to meet you!
  bardzo mi miło!
pliers szczypce
plug *(electrical)* wtyczka; *(in
  sink)* korek
plum śliwka
plumber hydraulik
p.m.: 3 p.m. godzina trzecia
  po południu; **11 p.m.**
  godzina jedenasta wieczór
pneumonia zapalenie płuc
pocket kieszeń
poison trucizna
Poland Polska
police policja
policeman policjant
police station komisariat
Polish polski
Polish girl/woman Polka
Polish man Polak

ENGLISH-POLISH

polite uprzejmy
political polityczny
politics polityka
polluted zanieczyszczony
Pomerania Pomorze
pond staw
pony kucyk
poor biedny
pop music muzyka pop
Pope papież
pork wieprzowina
port *(drink)* porto
porter *(hotel)* bagażowy
possible możliwy
post *(verb)* nadać
postcard pocztówka
poster *(for room)* plakat; *(in street)* afisz
poste restante poste restante
postman listonosz
post office poczta
potato ziemniak
poultry drób
pound funt
power cut awaria prądu
Poznan Poznań
practical praktyczny
pram wózek
prawn krewetka
prefer woleć
pregnant w ciąży
prepare przygotować
prescription recepta
present *(gift)* prezent
pretty ładny
pretty good całkiem dobry
price cena
priest ksiądz
prince książę
princess księżna
printed matter druk
prison więzienie

private prywatny
probably prawdopodobnie
problem problem
programme program
prohibited wzbroniony
promise *(verb)* obiecać
pronounce wymawiać
protect chronić
Protestant ewangelik
proud dumny
public publiczny
pull ciągnąć
pump pompa
puncture guma
punk punk
purple fioletowy
purse portmonetka
push pchać
pushchair wózek spacerowy
put kłaść
pyjamas piżama

quality jakość
quarter ćwierć
quay nadbrzeże
queen królowa
question pytanie
queue kolejka
queue *(verb)* stać w kolejce
quick szybki
quickly szybko
quiet spokojny; **quiet!** cisza!
quilt kołdra
quite całkiem

R

rabbit królik
radiator kaloryfer
radio radio
railway kolej
rain deszcz
rain *(verb)* padać; **it's raining** pada deszcz
rainbow tęcza
raincoat płaszcz nieprzemakalny
rape gwałt
rare rzadki; *(steak)* po angielsku
raspberry malina
rat szczur
rather raczej
raw surowy
razor maszynka do golenia
razor blade żyletka
read czytać
ready gotowy
really naprawdę
rear lights tylne światła
rearview mirror lusterko wsteczne
receipt pokwitowanie; *(till)* paragon
receive otrzymać
reception *(hotel)* recepcja
receptionist recepcjonista *(m)*, recepcjonistka *(f)*
recipe przepis
recognize rozpoznać
recommend polecić
record płyta
record player adapter
record shop sklep z płytami
red czerwony
red-headed rudowłosy

refund *(verb)* zwrócić pieniądze
relax odprężyć się
religion religia
remember pamiętać; **I remember** pamiętam
rent czynsz
rent *(verb)* wynająć
repair naprawić
repeat powtórzyć
reservation rezerwacja
reserve rezerwować
responsible odpowiedzialny
rest *(remaining)* reszta; *(sleep)* odpoczynek; **take a rest** odpocząć
restaurant restauracja
restroom *(US)* toaleta
return ticket bilet powrotny
reverse *(gear)* wsteczny
rheumatism reumatyzm
rib żebro
rice ryż
rich bogaty; *(food)* tłusty
ridiculous absurdalny
right *(side)* prawy; **on the right of** na prawo od *(+ gen)*; *(correct)* prawidłowy
right of way pierwszeństwo przejazdu
ring *(on finger)* pierścionek
ring *(phone)* zadzwonić
ripe dojrzały
river rzeka
road droga; *(in town)* ulica
roadsign znak drogowy
roadworks roboty drogowe
rock skała
rock climbing wspinaczka górska
rock music muzyka rokowa
roll bułeczka
Romania Rumunia

roof dach
roof rack bagażnik dachowy
room pokój
rope lina
rose róża
rotten zgniły
round *(circular)* okrągły
roundabout rondo
route trasa
rowing boat łódka wiosłowa
Royal Castle Zamek
  Królewski
rubber guma; *(eraser)* gumka
rubber band gumka
rubbish śmieci
rucksack plecak
rude nieuprzejmy
rug dywanik
ruins ruiny
rum rum
run biec
Russia Rosja
Russian *(adjective)* rosyjski

sad smutny
safe bezpieczny
safety pin agrafka
sailboard deska
  windsurfingowa
sailing żeglarstwo
sailing boat żaglówka
salad sałatka
salad dressing przyprawa do
  sałaty
sale sprzedaż; *(reduced price)*
  wyprzedaż; for sale na
  sprzedaż
salmon łosoś
salt sól *(f)*

salty słony
same ten sam *(m)*, ta sama *(f)*,
  to samo *(n)*
sand piasek
sandals sandały
sand dunes wydmy
sandwich kanapka
sanitary towel podpaska
  higieniczna
sardine sardynka
Saturday sobota
sauce sos
saucepan garnek
saucer spodek
sauna sauna
sausage kiełbasa
savoury pikantny
say powiedzieć
scarf *(neck)* szalik; *(head)*
  chustka
scenery krajobraz
school szkoła
science nauka
scissors nożyczki
Scotland Szkocja
Scottish szkocki
scrambled eggs jajecznica
scream krzyczeć
screw śruba
screwdriver śrubokręt
sea morze
seafood dania morskie ze
  skorupiaków
seagull mewa
seasick: I'm seasick cierpié
  na chorobe morską
seasickness choroba morska
seaside: at the seaside nad
  morzem
season pora roku; in the
  high season w pełni
  sezonu
seat siedzienie; *(place)* miejsce

seat belt pas bezpieczeństwa
seaweed wodorosty
second *(in time)* sekunda
second-hand używany
secret sekret
see widzieć; **see you tomorrow** do jutra
self-service samoobsługa
self-catering holiday wczasy bez wyżywienia
sell sprzedawać
sellotape *(R)* taśma klejąca
send wysłać
sensible rozsądny
sensitive wrażliwy
separate osobny
separately osobno
September wrzesień
serious poważny
serve obsługiwać
service obsługa
service charge opłata za obsługę
service station motoryzacyjne usługi
serviette serwetka
several kilka
sew szyć
sex płeć
sexy seksualnie atrakcyjny
shade cień; **in the shade** w cieniu
shampoo szampon
share *(verb)* dzielić się
shark rekin
shave golić się
shaving brush pędzel do golenia
shaving foam krem do golenia
she ona
sheep owca
sheet prześcieradło

shell muszelka
shellfish skorupiaki
ship statek
shirt koszula
shock szok
shock-absorber amortyzator
shocking skandaliczny
shoe laces sznurowadła
shoe polish pasta do butów
shoe repairer naprawa obuwia
shoes buty
shop sklep
shopping zakupy; **go shopping** robić zakupy
shopping bag torba na zakupy
shopping centre centrum handlowe
shore brzeg
short krótki
shortcut skrót
shorts szorty
shortsighted krótkowzroczny
shoulder ramię
shout wołać
show *(verb)* pokazać
shower prysznic; *(rain)* przelotny deszcz
shutter *(photo)* przesłona
shutters *(window)* okiennice
shy nieśmiały
sick: I feel sick niedobrze mi; **I'm going to be sick** będę wymiotować
side strona
sidelights światła pozycyjne
sidewalk *(US)* chodnik
sign *(verb)* podpisać
silence cisza
Silesia Śląsk

silk jedwab
silver srebro
silver foil folia aluminiowa
similar podobny
simple prosty
since *(time)* od *(+ gen)*
sincere szczery
sing śpiewać
single *(unmarried)* nieżonaty
single room pokój
  jednoosobowy
single ticket bilet w jedną
  stronę
sink zlewozmywak
sink *(go under)* tonąć
Sir proszę pana
sister siostra
sister-in-law szwagierka
sit down usiąść
size rozmiar
ski *(verb)* jeździć na nartach
ski boots buty narciarskie
skid wpaść w poślizg
skiing narciarstwo
ski-lift wyciąg narciarski
skin skóra
skin cleanser mleczko
  kosmetyczne
skin-diving nurkowanie
skinny chudy
skirt spódnica
ski slope stok zjazdowy
skis narty
skull czaszka
sky niebo
sleep spać
sleeper wagon sypialny
sleeping bag śpiwór
sleeping pill środek nasenny
sleepy: I'm sleepy jestem
  śpiący
slice kawałek
slide *(phot)* slajd

slim smukły
slippers pantofle
slippery śliski
slow powolny
slowly powoli
small mały
smell woń *(f)*
smell *(verb: give off smell)*
  wydawać woń
smile uśmiech
smile *(verb)* uśmiechać się
smoke dym
smoke *(verb)* palić
smoking *(compartment)* dla
  palących
snack przekąska
snail ślimak
snake wąż
sneeze kichać
snore chrapać
snow śnieg
so tak
so beautiful/big taki
  piękny/duży
soaking solution płyn do
  soczewek kontaktowych
soap mydło
society społeczeństwo
socket gniazdko
socks skarpetki
soft miękki
soft drink napój
  bezalkoholowy
soft lenses szkła kontaktowe
  miękkie
sole *(of shoe)* podeszwa
Solidarity Solidarność
some niektóre; **some**
  wine/flour/biscuits trochę
  wina/mąki/herbatników
somebody ktoś
something coś
sometimes czasami

somewhere gdzieś
son syn
song piosenka
son-in-law zięć
soon wkrótce
sore: I've got a sore throat boli mnie gardło
sorry przepraszam
soup zupa
sour kwaśny
south południe; **south of** na południe od *(+ gen)*
souvenir pamiątka
Soviet radziecki
Soviet Union Związek Radziecki
spa uzdrowisko
spade łopatka
Spain Hiszpania
spanner klucz do nakrętek
spare parts części zamienne
spare tyre koło zapasowe
spark plug świeca zapłonowa
speak mówić; **do you speak ...?** czy pan *(to a man)*/pani *(to a woman)* mówi po ...?
speciality specjalność
speed szybkość
speed limit ograniczenie szybkości
speedometer szybkościomierz
spend *(money)* wydawać
spice przyprawa
spider pająk
spinach szpinak
spoke szprycha
spoon łyżka
sport sport
spot *(on skin)* wyprysk

sprain: I've sprained my ankle zwichnąłem nogę w kostce
spring *(season)* wiosna; *(in seat etc)* sprężyna
square *(in town)* plac
stain plama
stairs schody
stamp znaczek
stand: I can't stand cheese nie znoszę sera
star gwiazda
starter *(food)* zakąska
state państwo
station dworzec
stationer artykuły piśmienne
stay pobyt
stay *(remain)* przebywać; *(in hotel etc)* zatrzymać się
steak befsztyk
steal kraść
steam locomotive parowóz
steamer statek parowy
steep stromy
steering układ kierowniczy
steering wheel kierownica
stepfather ojczym
stepmother macocha
steward steward
stewardess stewardessa
still *(adverb)* wciąż
sting żądlić
stockings pończochy
stomach żołądek
stomach ache ból żołądka
stone kamień
stop przystanek
stop *(verb)* zatrzymać się; **stop!** stać!; *(pol)* proszę się zatrzymać!
store sklep
storm burza
story historia

ENGLISH-POLISH

straight ahead prosto
strange *(odd)* dziwny
strawberry truskawka
stream strumień
street ulica
string sznurek
stroke *(attack)* udar
strong silny
stuck zablokovany
student student *(m)*, studentka *(f)*
stupid głupi
suburbs peryferie
subway *(US)* metro
success sukces
suddenly nagle
suede zamsz
sugar cukier
suit *(man's)* garnitur; *(woman's)* kostium; **blue suits you** dobrze ci w niebieskim
suitcase walizka
summer lato
sun słońce
sunbathe opalać się
sunburn poparzenie słoneczne
Sunday niedziela
sunglasses okulary słoneczne
sunny słoneczny
sunset zachód słońca
sunshine słońce
suntan opalenizna
suntan lotion krem do opalania
suntan oil olejek do opalania
supermarket Sam
supplement dodatek
sure pewny
surname nazwisko
surprise niespodzianka

surprising zadziwiający
swallow połykać
sweat pocić się
sweater sweter
sweet cukierek
sweet *(to taste)* słodki
swim pływać
swimming pływanie
swimming costume kostium kąpielowy
swimming pool basen
swimming trunks slipy kąpielowe
switch przełącznik
switch off zgasić
switch on zapalić
Switzerland Szwajcaria
swollen spuchnięty
synagogue synagoga

table stół
tablecloth obrus
tablet tabletka
table tennis tenis stołowy
tail ogon
take brać
take away *(remove)* zabrać; **take-away** *(food)* na wynos; **take off** *(plane)* startować
talcum powder talk
talk mówić
tall wysoki
tampon tampon
tan *(colour)* brąz
tank zbiornik
tap kran
tape *(cassette)* taśma magnetofonowa
tart placek (z kruchego ciasta)

83

taste smak
taste *(try)* próbować
Tatra Mountains Tatry
taxi taksówka
tea herbata
teach uczyć
teacher nauczyciel
team drużyna
teapot czajniczek
tea towel ścierka do naczyń
teenager nastolatek
telegram telegram
telephone telefon
telephone directory książka
   telefoniczna
television telewizja
temperature temperatura
tennis tenis
tent namiot
terrible straszny
terrific fantastyczny
than: uglier than brzydszy
   od *(+ gen)*
thank dziękować; **thank you**
   dziękuję
that *(adjective)* tamten *(m)*,
   tamta *(f)*, tamto n; *(see
   grammar)*; *(pronoun)* tamto; **I
   think that ...** myślę że ...;
   that one ten *(m)*, ta *(f)*, to
   (n)
the *(see grammar)*
theatre teatr
theft kradzież
their(s) ich
them *(direct)* ich, nich;
   (indirect) im, nim; *(see
   grammar)*
then *(at that time)* wtedy;
   (afterwards) potem
there tam
there is/are jest ...; **is/are
   there ...?** czy jest/są ...?

thermometer termometr
thermos flask termos
these ci, te; *(see grammar)*
they oni
thick gruby
thief złodziej
thigh udo
thin cienki
thing rzecz
think myśleć
thirsty: I'm thirsty chce mi
   się pić
this ten *(m)*, ta *(f)*, to *(n)*; *(see
   grammar)*
those tamci *(m pers)*, tamte
   (general); *(see grammar)*
thread nitka
throat gardło
throat pastilles pastylki od
   bólu gardła
through przez
throw rzucać
throw away wyrzucić
thunder grzmot
thunderstorm burza
Thursday czwartek
ticket bilet
ticket office kasa
   biletowa
tide: high tide przypływ;
   low tide odpływ
tie krawat
tight ciasny
tights rajstopy
time czas; *(occasion)* pora; **3
   times** trzy razy; **on time**
   punktualnie; **what time is it?**
   która godzina?
timetable rozkład jazdy
tin-opener otwieracz do
   puszek
tip napiwek
tired zmęczony

ENGLISH-POLISH

tissues chusteczki jednorazowe
to do *(+ gen)*; **na** *(+ acc)*; **I'm going to Warsaw/the station** jadę do Warszawy/na dworzec
toast *(bread)* grzanka
tobacco tytoń
today dziś
toe palec u nogi
together razem
toilet toaleta
toilet paper papier toaletowy
tomato pomidor
tomorrow jutro
tongue język
tonight dziś wieczorem
tonsillitis angina
too *(also)* też; **too big** za duży; **not too much** tylko trochę
tool narzędzie
tooth ząb
toothache ból zębów
toothbrush szczoteczka do zębów
toothpaste pasta do zębów
top: at the top na górze
torch latarka
touch dotykać
tourist turysta *(m)*, turystka *(f)*
towel ręcznik
tower wieża
town miasto
town hall ratusz
toy zabawka
track *(US: rail)* peron
tracksuit dres sportowy
tradition tradycja
traditional tradycyjny
traffic ruch drogowy

traffic jam korek
traffic lights światła ruchu drogowego
traffic warden inspektor ruchu drogowego
trailer *(behind car)* przyczepa
train pociąg
trainers adidasy
translate tłumaczyć
transmission transmisja
travel podróżować
travel agent biuro podróży
traveller's cheque czek podróżny
tray taca
Treblinka Treblinka
tree drzewo
tremendous kolosalny
trip wycieczka
trolley wózek
trousers spodnie
true prawdziwy
trunk *(US: car)* bagażnik
try próbować
try on przymierzać
T-shirt koszulka bawełniana
Tuesday wtorek
tuna fish tuńczyk
tunnel tunel
turkey indyk
turn *(verb)* skręcić
tweezers szczypczyki
twins bliźnięta
typewriter maszyna do pisania
tyre opona

ugly brzydki
umbrella parasol

85

ENGLISH-POLISH

uncle wuj
under pod *(+ instr)*
underdone *(steak etc)*
  niedosmażony
underground metro
underneath pod spodem;
  underneath ... pod ...
underpants slipy
understand rozumieć
underwear bielizna
unemployed bezrobotny
unfortunately niestety
United States Stany
  Zjednoczone
university uniwersytet
unpack rozpakować
unpleasant nieprzyjemny
until aż do *(+ gen)*
up: up there w górze
upstairs na górze
urgent pilny
us nas
use używać
useful użyteczny
usual zwykły
usually zazwyczaj

vaccination szczepienie
vacuum cleaner
  odkurzacz
vagina pochwa
valid ważny
valley dolina
valve wentyl
van furgonetka
vanilla wanilia
vase wazon
VD choroba weneryczna
veal cielęcina

vegetables jarzyny
vegetarian jarski
vehicle pojazd
very (much) bardzo
vet weterynarz
video wideo
video recorder magnetowid
view widok
viewfinder wizjer
villa willa
village wieś *(f)*
vinegar ocet
vineyard winnica
visa wiza
visit wizyta
visit *(verb)* odwiedzić
Vistula Wisła
vitamins witaminy
voice głos

waist talia
wait czekać
waiter kelner
waiting room poczekalnia
waitress kelnerka
wake up *(someone)* obudzić;
  (oneself) obudzić się
Wales Walia
walk spacer; **go for a walk**
  iść na spacer
walk *(verb)* chodzić
walkman *(R)* walkman
wall *(inside)* ściana; *(outside)*
  mur
wallet potfel
want chcieć; **I want** chcę; **do
  you want ...?** czy pan *(to a
  man)*/pani *(to a woman)*
  chce ...?

86

ENGLISH-POLISH

war wojna
warm ciepły; **it's warm** jest ciepło
Warsaw Warszawa
wash myć; *(clothes)* prać; *(oneself)* myć się
washbasin umywalka
washing pranie
washing machine pralka
washing powder proszek do prania
washing-up zmywanie
washing-up liquid płyn do zmywania naczyń
wasp osa
watch *(for time)* zegarek
watch *(verb)* patrzeć
water woda
waterfall wodospad
waterski narty wodne
wave *(in sea)* fala
way: this way *(like this)* w ten sposób; **can you tell me the way to the ...?** proszę mi powiedzieć którędy do ...?
we my
weak słaby
weather pogoda; **the weather's good** ładna pogoda
weather forecast prognoza pogody
wedding ślub
Wednesday środa
week tydzień
weekend weekend
weight waga
welcome! witamy!
well: he's well/not well dobrze/źle się czuje; **well** *(adverb)* dobrze; **well done!** brawo!

wellingtons kalosze
Welsh walijski
west zachód; **west of** na zachód od *(+ gen)*
wet wilgotny
what? co?; **what's this?** co to jest?; **what?** co takiego?
wheel koło
wheelchair wózek inwalidzki
when? kiedy?
where? gdzie?
which? który?
while podczas
whipped cream bita śmietana
whisky whisky
white biały
who? kto?
whole cały
whooping cough koklusz
whose czyj *(m)*, czyja *(f)*, czyje *(n)*; **whose is this?** czyje to jest?
why? dlaczego?
wide szeroki
widow wdowa
widower wdowiec
wife żona
wild dziki
win wygrać
wind wiatr
window okno
windscreen szyba przednia
windscreen wiper wycieraczka szyby
wine wino; **red/white/rosé wine** wino czerwone/białe/różowe
wine list karta win
wing skrzydło
winter zima
wire drut

ENGLISH-POLISH

wish: best wishes najlepsze
  życzenia
with z *(+ instr)*
without bez *(+ gen)*
witness świadek
woman kobieta
wonderful cudowny
wood las
wool wełna
word słowo
work praca
work *(verb)* pracować; **it's
  not working** to nie działa
world świat
worry zmartwienie; **worry
  about** martwić się
worse gorszy
worst najgorszy
wound rana
wrap pakować
wrapping paper papier do
  pakowania
wrench klucz maszynowy
wrist nadgarstek
write pisać
writing paper papier listowy
wrong nieprawidłowy

X-ray rentgen

yacht jacht
year rok
yellow żółty
yes tak; **oh yes I do!** ależ
  tak!

yesterday wczoraj
yet: not yet jeszcze nie
yoghurt jogurt
you *(singular, familiar)* ty;
  (object) ciebie, tobie; *(plural)*
  wy; *(polite)* pan *(to a man)/*
  pani *(to a woman)*; *(see
  grammar)*
young młody
young people młodzież
your(s) *(singular, familiar)*
  twój *(m)*, twoja *(f)*, twoje *(n)*;
  (plural) wasz *(m)*, wasza *(f)*,
  wasze *(n)*, wasi *(m pers pl)*,
  wasze *(gen pl)*; *(polite)* pana
  *(to a man)/*pani *(to a
  woman)*; *(see grammar)*
youth hostel schronisko
  młodzieżowe

zero zero
zip zamek błyskawiczny
zoo zoo

A

absurdalny ridiculous
adapter record player
adidasy trainers
adres address
afisz poster
agencja agency
agrafka safety pin
agresywny aggressive
ajent agent
akumulator battery
albo or
ale but
ależ but; **ależ tak!** oh
  yes!/but of course!
ambasada embassy
Ameryka America
amerykański American
amortyzator shock-absorber
ananas pineapple
Angielka English
  girl/woman
angielski English
angina tonsillitis
Anglia England
Anglicy the English
Anglik Englishman
ani ... ani ... neither ... nor ...
antykoncepcyjny
  contraceptive
antykwariat antique shop
antyseptyczny antiseptic
aparat fotograficzny camera
aparat słuchowy hearing aid
apetyt appetite

apteka chemist's
aresztować arrest
artykuły piśmienne
  stationer's
artysta *(m)* artist
aspiryna aspirin
astma asthma
atak attack
atak serca heart attack
atrakcyjny attractive
australijski Australian
autentyczny genuine
autobus bus
autokar coach
automatyczny automatic
autostop hitchhiking
autostrada motorway
awaria prądu power cut

B

babka grandmother
bać się be afraid (of)
bagaż luggage
bagaż podręczny hand
  luggage
bagażnik boot *(car)*
bagażowy porter
balkon balcony
bałagan mess
Bałtyk Baltic
banan banana
bandaż bandage
banknot banknote
bankomat cash dispenser

bardzo very; very much; **bardzo mi miło!** pleased to meet you!
barmanka barmaid
basen swimming pool
bateria battery
bawełna cotton
bawić się play with
befsztyk steak
benzyna petrol
bez without
bezpiecznik fuse
bezpieczny safe
bezpłatny free (of charge)
bezpośredni direct
bezrobotny unemployed
bezsenność insomnia
beżowy beige
biały white
biblioteka library
bić się fight
biec run
biedny poor
bieg gear
bielizna underwear
bielizna pościelowa bed linen
bilet ticket
bilet powrotny return ticket
biodro hip
bita śmietana whipped cream
biuro office
biuro numerów directory enquiries
biuro podróży travel agent's
biuro rzeczy znalezionych lost property office
biwakowanie camping
biżuteria jewellery
bliski near
bliźnięta twins
bluzka blouse

boczek bacon
bogaty rich
boja buoy
bolący painful
boleć hurt; ache
boli it hurts; **boli mnie gardło** I have a sore throat
bomba bomb
Boże Narodzenie Christmas
Bóg God
bójka fight
ból ache
ból żołądka stomach ache
brązowy brown
brać take
bransoletka bracelet
brat brother
brew (f) eyebrow
broda beard
broszka brooch
broszura brochure; leaflet
brudny dirty
brukselka Brussels sprouts
brylant diamond
brytyjski British
brzeg shore; edge
brzoskwinia peach
brzydki ugly
budka telefoniczna phone box
budynek building
budzik alarm clock
Bułgaria Bulgaria
bułka white bread
burza storm
but boot; shoe
butelka bottle
buty narciarskie ski boots
być be
być może maybe
byk bull

całkiem quite; **całkiem dobry** pretty good
całować kiss
cały all; **cały dzień** all day
cążki do paznokci nail clippers
cebula onion
cegła brick
celnik customs officer
cena price
cena łączna all-inclusive
centralne ogrzewanie central heating
centrum handlowe shopping centre
centrum miasta city centre
chcieć want
chleb bread; **chleb razowy** wholemeal bread
chłodny cool
chłopiec boy; boyfriend
chmura cloud
chociaż although
chodnik pavement
chodzić walk *(verb)*
chorągiew flag
choroba disease
choroba weneryczna VD
chory ill; **chory na cukrzycę** diabetic
chować hide
chrapać snore
chronić protect
chrupki crisps
chudy skinny
chusteczka do nosa handkerchief
chusteczki jednorazowe tissues

chustka headscarf
ci these
ciało body
ciasny tight
ciastko small cake
ciasto large cake
ciąć cut
ciągnąć pull
ciąża pregnancy; **w ciąży** pregnant
cichy quiet
ciebie you
cielęcina veal
ciemny dark
cienki thin
ciepły warm
cień shadow
cień do powiek eye shadow
ciężarówka lorry
ciężki heavy
ciotka aunt
cisza silence; **cisza!** quiet!
cło customs duty
cmentarz cemetery
co? what?; **co takiego?** what?; **co to jest?** what's this?
codziennie every day
coś something; **coś innego** something else
córka daughter
cudowny wonderful
cudzoziemiec foreigner
cukier sugar
cukierek sweet
cukiernia cake shop
cygaro cigar
cynaderki kidneys
cytryna lemon
czajniczek teapot
czajnik kettle
czapka cap
czarno-biały black and white

czarny black
czas time
czasami sometimes
czasopismo magazine
czaszka skull
Czechosłowacja
  Czechoslovakia
czek cheque
czekać wait
czekolada chocolate
czekolada mleczna milk
  chocolate
czepek kąpielowy bathing
  cap
czereśnia cherry
czerwiec June
czerwony red
czeski Czech
część (f) part
części zamienne spare parts
często often
czkawka hiccups
członek penis
człowiek man
czoło forehead
czosnek garlic
czuć feel
czwartek Thursday
czy if; whether; **czy jest/są
  ...?** is/are there ...?; **czy mogę
  ...?** may I ...?; **czy pan/pani
  mówi po ...?** do you
  speak ...?
czyj/czyja/czyje whose
czynsz rent
czysty clean
czyścić clean (verb)
czytać read

ćwierć (f) quarter

D

dać give
dach roof
dalej further
daleko far (away)
dania dishes
data date (time)
decydować decide
dentysta (m) dentist
deser dessert
deszcz rain
dezodorant deodorant
dętka inner tube
dieta diet
dla for; **dla mnie** for me
dla niepalących
  non-smoking
dla palących smoking
dla panów gents (toilet)
dlaczego? why?
długi long
długopis biro (R)
długość (f) length
dno: na dnie at the bottom
  of
do to; until
do jutra see you tomorrow
do widzenia goodbye
do wynajęcia for hire
dobranoc good night
dobry good
dobry wieczór good
  evening
dobrze well (adverb); OK

POLISH-ENGLISH

dobrze się bawić enjoy oneself
dobrze wysmażony well done
dodatek supplement
dojrzały ripe
doktor doctor
dokument document
dolina valley
dom house; **w domu** at home
dom towarowy department store
domowej roboty homemade
dorosły adult
doskonały excellent
dostać get
dosyć enough; **dość tego!** that's enough!
dotykać touch
dowód osobisty ID card
dozwolone allowed
dół: na dole down there
drabina ladder
dres sportowy tracksuit
drewniany wooden
drewno wood
drobne *(pl)* change *(small)*
droga road
drogi dear; expensive
drób poultry
druga klasa second class
Druga Wojna Światowa World War Two
drugi second
druk printed matter
drut wire
drużyna team
drzewo tree; wood
drzwi *(pl)* door
dumny proud
dusznica bolesna angina
dużo a lot (of); much; many
duży big

dworzec station
dworzec autobusowy bus station
dym smoke
dyskoteka disco
dywan carpet
dywanik rug
dzbanek jug
dziadek grandfather
działać: to nie działa it's not working
dziczyzna game *(meat)*
dzieci children
dziecko child
dzielnica district
dzień day
dzień dobry hello
dziewczyna girl; girlfriend
dziękować thank
dziękuję thank you
dziki wild
dziś today; **dziś wieczorem** tonight
dziura hole
dziwny strange *(odd)*
dzwon/dzwonek bell
dźwignia zmiany biegów gear lever
dżem jam
dżinsy jeans

E

ekspres express delivery/ train
elektryczność electricity
elektryczny electric
epileptyk epileptic
etykietka label
Europa Wschodnia Eastern Europe

europejski European
ewangelik Protestant

fabryka factory
fajka pipe *(to smoke)*
fala wave *(in sea)*
fałszywy false
fantastyczny terrific
fasola *(sing)* beans
fasolka szparagowa *(sing)* green beans
festiwal muzyczny music festival
filet fillet
filiżanka cup
film kolorowy colour film
filtr filter
fioletowy purple
firanka net curtain
flesz flash
flirtować flirt
folia aluminiowa silver foil
fontanna fountain
formularz form
fotograf photographer
fotografia photograph
fotografować photograph *(verb)*
frytki chips
fryzjer hairdresser
fryzjer męski barber
funt pound
furgonetka van

galeria sztuki art gallery

garaż garage
gardło throat
garnek saucepan
garnitur suit *(man's)*
gaśnica przeciwpożarowa fire extinguisher
gaz gas
gazeta newspaper
gazowany fizzy
gaźnik carburettor
Gdańsk Gdansk
gdy when
gdzie? where?; **gdzie indziej** elsewhere
gdzieś somewhere
gęś *(f)* goose
gitara guitar
głęboki deep
głodny hungry
głos voice
głośny loud
głowa head
główny main
głuchy deaf
głupi stupid
gniazdko socket
go him; it
godzina hour
golić się shave
gorący hot
gorączka fever
gorszy worse
gorzki bitter
gospodarstwo rolne farm
gość guest
gościnność *(f)* hospitality
gotować cook
gotowy ready
góra mountain; **na górze** at the top; upstairs
gra game *(to play)*
grać play
grad hail

gramatyka grammar
granica border; **za granicą** abroad
gratulacje! congratulations!
grejpfrut grapefruit
groszek peas
gruby thick; fat
grudzień December
grupa group
grupa krwi blood group
gruszka pear
grypa flu
gryźć bite
grzebień comb
grzejnik heater
grzmot thunder
grzyby mushrooms
guma rubber; puncture; **guma do żucia** chewing gum
gumka elastic; eraser; rubber band
guzik button
gwałt rape
gwarancja guarantee
gwiazda star
gwóźdź nail (in wall)

hałas noise
hałaśliwy noisy
hamować brake (verb)
hamulec brake
hamulec ręczny handbrake
hemoroidy piles
herbata tea; **herbata z cytryną** lemon tea
herbatnik biscuit
historia history; story
homar lobster

homoseksualista gay
humor humour
hydraulik plumber

i and
ich their(s); them
igła needle
ile? how many/much?
im them
imię first name; **na imię mi Jacek** my name is Jacek
indyk turkey
informacja information
inny other; different
instruktor instructor
instrument muzyczny musical instrument
inteligentny intelligent
interesujący interesting
inwalida disabled
Irlandia Ireland
irlandzki Irish
irytujący annoying
iść go; **iść do domu** go home; **iść na piechotę** walk; **iść na spacer** go for a walk

ja I; me
jabłko apple
jacht yacht
jadalnia dining room
jadłospis menu
jajecznica scrambled eggs

jajko egg; **jajko na twardo** hard-boiled egg; **jajko na miękko** soft-boiled egg
jak? how?
jakość *(f)* quality
jarski vegetarian
jarzyny vegetables
jaskinia cave
jasnoniebieski light blue
jasny clear *(obvious)*
jazda konna horse riding
ją her
je them; it
jeden/jedna/jedno one
jedwab silk
jedzenie food
jego his; him
jej her; hers
jemu him; it
jesień *(f)* autumn
jest there is/are; it is; **jest ciepło** it's warm; **jest zimno** it's cold
jeszcze still; **jeszcze jeden** another; **jeszcze jedno piwo** another beer; **jeszcze nie** not yet; **jeszcze piękniejszy** even more beautiful
jeść eat
jeśli if
jezioro lake
jeździć na nartach ski *(verb)*
jeżyna blackberry
język tongue; language
jogurt yoghurt
jubiler jeweller's
Jugosławia Yugoslavia
jutro tomorrow
już already

kabina cabin
kac hangover
kaczka duck
kajak canoe
kajzerka roll
kakao cocoa
kalafior cauliflower
kalendarz calendar
kalkulator calculator
kaloryfer radiator
kalosze wellingtons
kamera camera *(movie)*
kamień stone
Kanada Canada
kanadyjski Canadian
kanał canal
kanapka sandwich
kapelusz hat
kapitalizm capitalism
kapitan captain
kapusta cabbage
karabin gun *(rifle)*
karaluch cockroach
Karpaty Carpathian mountains
karta card
karta kredytowa credit card
karta win wine list
karta wstępu na pokład boarding pass
kasa cash desk
kasa biletowa ticket office
kasa teatralna box office
kaseta cassette
kaszel cough
kaszleć cough *(verb)*
kasztan chestnut
katar sienny hay fever
katastrofa crash; disaster

katedra cathedral
katolicki Catholic
kawa coffee
kawa neska instant coffee
kawaler bachelor
kawalerka flatlet
kawałek piece; slice
kawiarnia café
każdy each; every
kąpiel *(f)* bath
kelner waiter
kelnerka waitress
kichać sneeze
kiedy? when?
kieliszek glass; **kieliszek do jajek** egg cup
kiełbasa sausage
kierowca *(m)* driver
kierownica steering wheel
kierownik manager
kierunek direction
kierunkowskaz indicator
kieszeń pocket
kilka/kilkoro/kilku a few; several
kilometr kilometre
kino cinema
klakson horn
klasa class
klatka piersiowa chest
klej glue
klimat climate
klimatyzacja air-conditioning
klimatyzowany air-conditioned
klub club
klucz key
klucz do nakrętek spanner
klucz do otwierania butelek bottle-opener
klucz maszynowy wrench
kłamać lie *(say untruth)*

kłaść put
kobieta woman
koc blanket
kochać się make love
kodeks drogowy highway code
koklusz whooping cough
kolano knee
kolczyki earrings
kolej railway
kolejka queue
kolejka linowa cable car
kolor colour
kolosalny tremendous
kołdra quilt
kołek do bielizny clothes peg
kołnierz collar
koło around; wheel
koło zapasowe spare tyre
komar mosquito
komisariat police station
komunizm communism
komunistyczny communist
kompas compass
komplement compliment
komputer computer
koncert concert
konduktor conductor *(bus)*
koniak brandy
koniec end; **w końcu** at last
konieczny necessary
konsulat consulate
koń horse
kończyć finish
koperta envelope
korek plug *(in sink)*
korkociąg corkscrew
korytarz corridor
kosmetyki cosmetics
kostium suit *(woman's)*
kostium kąpielowy swimming costume

POLISH-ENGLISH

kostka ankle
kostka lodu ice cube
koszmar nightmare
kosztować cost
koszula shirt
koszula nocna nightdress
koszyk basket
kościół church; **kościół ewangelicki** Protestant church
kość bone
kot cat
kotlet chop *(meat)*
kotwica anchor
koza goat
krab crab
kradzież *(f)* theft
kraj country
krajobraz scenery
Kraków Cracow
kran tap
kraść steal
krawat tie
kredka do ust lipstick
krem do golenia shaving foam
krem do opalania suntan lotion
krem kosmetyczny cold cream
krem nawilżający moisturizer
krem przeciw owadom insect repellent
krew blood
krewetka prawn
krewni relatives
kropla drop
krowa cow
król king
królik rabbit
królowa queen
krótki short

krótkowzroczny shortsighted
krwawić bleed
krzesło chair
krzyczeć scream
ksiądz priest
książę prince
książeczka czekowa cheque book
książka book
książka telefoniczna telephone directory
księgarnia bookshop
księżna princess
księżniczka princess
księżyc moon
kto? who?
ktoś somebody
który which
kucharz cook
kuchenka cooker
kuchnia kitchen
kucyk pony
kule crutches
kupować buy
kurczę chicken
kurs walutowy exchange rate
kurtka jacket
kurtka ortalionowa anorak
kurtyna curtain
kuszetka couchette
kuzyn *(m)*/**kuzynka** *(f)* cousin
kwaśny sour
kwiaciarnia florist
kwiat flower
kwiecień april

POLISH-ENGLISH

lakier do paznokci nail polish
lakier do włosów hair spray
lalka doll
lampa lamp
langusta crayfish
las forest
lata years; **mam 25 lat** I'm 25 years old
latać fly *(verb)*
latarka torch
latarnia morska lighthouse
lato summer
lądować land *(verb)*
lejek funnel *(for pouring)*
lekarstwo medicine *(drug)*
lekarz doctor
lekcja lesson
lekki light *(adjective)*
lemoniada lemonade
leniwy lazy
lepszy better
letni lukewarm
leworęczny left-handed
lewy left; **na lewo (od)** on the left (of)
leżak deck chair
likier liqueur
lina rope
linia lotnicza airline
lipiec July
list letter
lista list
listonosz postman
listopad November
liść leaf
lizak lollipop
lodówka fridge
lody *(pl)* ice cream

lokomotywa engine *(train)*
Londyn London
los luck
lot flight; **lot czarterowy** charter flight
lotnisko airport
lód ice
lubić like
ludzie people
lunapark funfair
lusterko wsteczne rearview mirror
lustro mirror
luty February

ładny pretty; nice
łańcuch chain
łapać catch
łatwy easy
łazienka bathroom
łokieć elbow
łopatka spade
łosoś salmon
łódź *(f)* boat
łóżeczko cot
łóżko bed
łóżko piętrowe *(sing)* bunk beds
łóżko polowe campbed
łysy bald
łyżka spoon

macocha stepmother
magnetofon kasetowy cassette player

99

maj May
majonez mayonnaise
makaron pasta
makijaż make-up
malina raspberry
malować paint *(verb)*
mało few
Małopolska Little Poland
mały small
małże mussels
mama mum
mapa map
marchewka carrot
margaryna margarine
marmolada marmalade
martwić się worry about
marzec March
marzenie dream *(wish)*
maska bonnet *(car)*
masło butter
maszyna do pisania
  typewriter
maszynka do golenia razor
materac mattress
matka mother
Mazowsze Mazovia
mądry clever
mąka flour
mąż husband
mdłości nausea; **mieć**
  mdłości feel sick
meble furniture
mechanik mechanic
mecz match *(sport)*
meduza jellyfish
metro underground
mewa seagull
mężatka married *(of woman)*
mężczyzna man
mgła fog
mi me
miasto city; town
mieć have

mieć nadzieję hope
mieć rację be right; **ona ma**
  rację she's right
miejsce seat *(place)*
miejscowość nadmorska *(f)*
  seaside resort
miesiąc month
miesiąc miodowy
  honeymoon
miesiączka period *(woman's)*
mieszać mix
mieszkać live *(in town etc)*
mieszkanie apartment
między between
miękki soft
mięsień muscle
mięso meat; **mięso mielone**
  minced meat
miłość *(f)* love
miły nice *(person)*
minuta minute
miód honey
miska bowl
mleczko kosmetyczne skin
  cleanser
mleko milk
młody young
młodzież young people
młotek hammer
mną/mnie me
mniej less
moda fashion
modny fashionable
moja/moje my; mine
moped moped
morela apricot
morze sea; **nad morzem** at
  the seaside
Morze Bałtyckie Baltic Sea
most bridge *(over river)*
motocykl motorbike
motorówka motorboat
motyl butterfly

możliwy possible
móc can; be able to
mój my; mine
mówić speak
mrożonki *(pl)* frozen food
mrożony frozen *(of food)*
mrówka ant
mróz frost
msza mass
mu him; it
mucha fly
mur wall
musieć must
muszelka shell
musztarda mustard
muzeum museum
muzyka music
muzyka klasyczna classical music
muzyka ludowa folk music
muzyka rokowa rock music
my we
myć wash
myć się wash *(oneself)*
mydło soap
mysz mouse
myśleć think

N

na on; to; at
naczynia crockery
nad over; above; **nad rzeką** by the river
nadać post *(verb)*
nadbrzeże quay
nadgarstek wrist
nadwaga bagażu excess baggage
nadzieja hope
nagi naked

nagle suddenly
najbliżej nearest to
najbliższy the nearest
najgorszy worst
najlepszy best
nakrętka nut *(for bolt)*
naleśnik pancake
należeć belong
nam/nami us
namiot tent
napełniać fill
napiwek tip
napój drink
napój bezalkoholowy soft drink
naprawa obuwia shoe repairer
naprawdę really
naprawić mend
naprzeciwko opposite
narciarstwo skiing
narciarstwo wodne waterskiing
nareszcie! at last!
narkotyk drug *(narcotic)*
narodowość nationality
narty skis
narty wodne waterskis
narzeczony/narzeczona fiancé/fiancée
narzędzie tool
nas us
nasi/nasze our
następny next *(following)*
nastolatek teenager
nastrój mood
nasz/nasza/nasze our
naszyjnik necklace
naturalny natural
natychmiast immediately
nauczyciel teacher
nauka science
nawet even

POLISH-ENGLISH

nazwa name
nazwisko surname
nazwisko panieńskie
  maiden name
negatyw negative *(film)*
nerki kidneys
nerwowy nervous
nią her
nic nothing; **nic nie szkodzi**
  it doesn't matter
nich them
nie no; not; them; it; **nie ma**
  ... no ...; **nie ma jej** she's out;
  nie ma już ... no more ...
niebezpieczeństwo danger
niebezpieczny dangerous
niebieski blue
niebo sky
niedziela Sunday
niego his; him; its; it
niej her
Niemcy Germany
niemiecki German
niemowlę baby
niemożliwy impossible
nienawidzieć hate
nieporozumienie
  misunderstanding
nieprzyjemny unpleasant
niespodzianka surprise
niestety unfortunately
niestrawność indigestion
nieść carry
nieśmiały shy
nieuprzejmy rude
niewidomy blind
niewiele few
niewinny innocent
niezależny independent
niezamężna single
  (unmarried)
nieżonaty single *(unmarried)*
nigdy never

nigdzie nowhere
nikt nobody
nim him; it; them
nimi them
niski low
nitka thread
niż than
noc night
nocny klub/lokal nightclub
noga leg
normalny normal
nos nose
notatnik diary; notebook
notatnik adresowy address
  book
nowoczesny modern
nowy new
Nowy Rok New Year
nożyczki scissors
nóż knife
nudny boring
numer number
numer kierunkowy dialling
  code
numer telefonu phone
  number
nurkować dive
nurkowanie skin-diving

o at
oba both of them
obcas heel
obiad lunch
obiad firmowy set menu
obie both of them
obiecać promise *(verb)*
obiektyw lens
oboje both of them
obok next to

102

POLISH-ENGLISH

obóz koncentracyjny concentration camp
obraz painting
obrazić offend
obrus tablecloth
obrzydliwy disgusting
obsługa service
obudzić wake up *(someone)*
obudzić się wake up *(oneself)*
obyczaj custom
obuwie shoes
ocet vinegar
oczywisty obvious
oczywiście of course
od from; off; of; since *(time)*; than
oddać give back
oddychać breathe
odjazd departure
odkurzacz vacuum cleaner
odległość *(f)* distance
odlot departure
odpływ low tide
odpocząć take a rest
odpoczynek rest *(sleep)*
odpowiadać answer *(verb)*
odpowiedzialny responsible
odpowiedź *(f)* answer
odprawa bagażowa check-in
odra measles
odważny brave
odwiedzić visit *(verb)*
odwołać cancel
odżywka do włosów conditioner
ogień fire
ognie sztuczne fireworks
ogon tail
ogółem altogether
ogórek cucumber
ograniczenie szybkości speed limit
ogród garden

ogrzewanie heating
ojciec father
ojczym stepfather
Okęcie Warsaw Airport
okiennice shutters *(window)*
okno window
oko eye
około about *(approx)*
okrągły round *(circular)*
okres period
okropny horrible
okulary glasses
okulary słoneczne sunglasses
olej oil
olej napędowy diesel
olejek do opalania suntan oil
oliwa z oliwek olive oil
oliwka olive
ołówek pencil
omlet omelette
on he
ona she
ono it
oni they
opalać się sunbathe; tan
opalenizna suntan
oparzenie burn
operacja operation
opona tyre
opóźnienie delay
oprócz except
optyk optician
optymistyczny optimistic
opuścić leave
orkiestra orchestra
orzech nut *(to eat)*
orzech laskowy hazelnut
orzeszki ziemne peanuts
osa wasp
osioł donkey
osoba person

POLISH-ENGLISH

osobno separately
osobny separate
ostatni last
ostrożnie! be careful!
ostryga oyster
oś axle
ość fishbone
ośrodek centre
Oświęcim Auschwitz
oto here is/are
otrzymać receive
otwarty open *(adjective)*
otwierać open *(verb)*
otwieracz do puszek tin-opener
otwór hole
owad insect
owca sheep
owoce fruit

paczka packet; parcel
padać rain *(verb)*; **pada deszcz** it's raining
pająk spider
pakować pack *(verb)*
palec finger
palec u nogi toe
palić smoke
palić się burn
paliwomierz fuel gauge
palto coat
pałac palace
pamiątka souvenir
pamiętać remember
pan gentleman; you
Pan Mr
pana your
pani lady; you
Pani Mrs; Miss; Ms

panie ladies; you
panika panic
panowie gentlemen; you
pantofle slippers
państwo state; ladies and gentlemen; you
papier paper
papier do pakowania wrapping paper
papier listowy writing paper
papier toaletowy toilet paper
papieros cigarette
papież Pope
papryka pepper *(vegetable)*
para pair
parasol umbrella
parking car park
parkować park *(car)*
parowóz steam locomotive
parter ground floor
pas lane
pas bezpieczeństwa seat belt
pasażer passenger
pasek belt
pasjonujący exciting
pasta do butów shoe polish
pasta do zębów toothpaste
pastylki od bólu gardła throat pastilles
paszport passport
pasztet pâté
patelnia frying pan
patrzeć look (at)
paznokieć fingernail
październik October
pchać push
pchła flea
pedał gazu accelerator
pełne utrzymanie full board
pełny full
penicylina penicillin

pensjonat guesthouse
perfumy perfume
peron platform *(station)*
peryferie suburbs
pewny sure
pęcherz bladder; blister
pędzel paint brush
pędzel do golenia shaving
 brush
piasek sand
piątek Friday
pić drink *(verb)*
piec bake
piecyk oven
pieczarki cultivated
 mushrooms
pieczony na ruszcie grilled
pieczywo baker's
pielęgniarka nurse
pieluszka nappy
pieniądze money
pieprz pepper *(spice)*
pieprzny hot *(to taste)*
pierś *(f)* breast
pierścionek ring *(on finger)*
pierwsza klasa first class
pierwsza pomoc first aid
pierwsze piętro first floor
pierwszeństwo przejazdu
 right of way
pierwszy first; **po pierwsze**
 first *(firstly)*
pies dog
pieszo on foot
pieszy pedestrian
piętro floor *(storey)*
piękny beautiful
pigułka pill
pijany drunk
pikantny savoury
pilnik do paznokci nailfile
pilny urgent
piłka ball

piłka nożna football
piosenka song
pióro pen
pisać write
pisak felt-tip pen
pistolet gun *(pistol)*
piwo beer; lager
piżama pyjamas
plac square *(in town)*
placek pie; tart
plakat poster *(for room)*
plama stain
plastyk plastic
plaża beach
plecak rucksack
plecy *(pl)* back *(of body)*
plomba filling *(tooth)*
płacić pay; **płacić gotówką**
 pay cash
płakać cry
płaski flat *(adjective)*
płaszcz nieprzemakalny
 raincoat
płot fence
płuca lungs
płyn do zmywania naczyń
 washing-up liquid
płyn po goleniu aftershave
**płyn przeciw komarom/
 owadom** insect repellent
płyn przeciw zamarzaniu
 antifreeze
płyta record
pływać swim
pływanie swimming
po after; **po angielsku** in
 English; rare *(steak)*
pobyt stay
pocałunek kiss
pochmurny cloudy
pochwa vagina
pociąg train
pocić się sweat

początek beginning
początkujący beginner
poczekalnia waiting room
poczta post office; mail
poczta lotnicza airmail
pocztówka postcard
pod under; **pod spodem** underneath
podbródek chin
podczas during
podeszwa sole (of shoe)
podłoga floor (of room)
podnośnik jack (car)
podobać się please
podobny similar
podpaska higieniczna sanitary towel
podpisać sign (verb)
podróż journey
podróż służbowa business trip
podróżować travel
podróżować autostopem hitchhike
poduszka pillow
podwójny double
pogoda weather
pogotowie ambulance
pogrzeb funeral
pojazd vehicle
pojemnik na śmieci dustbin
pojutrze the day after tomorrow
pokazać show (verb)
pokład deck
pokojówka chambermaid
pokój room
pokój dwuosobowy double room
pokój jednoosobowy single room
pokrywka lid
pokwitowanie receipt

Polak Pole
pole field
polecić recommend
policja police
policjant policeman
polityczny political
polityka politics
Polka Polish girl/woman
Polska Poland
polski Polish
połączenie connection
położyć się lie down; **położyć się do łóżka** go to bed
połowa half
południe midday; south
połykać swallow
pomagać help (verb)
pomarańcza orange
pomarańczowy orange
pomidor tomato
pomnik monument
pomoc help
Pomorze Pomerania
pompa pump
pomyłka mistake
poniedziałek Monday
ponieważ because
pończochy stockings
poparzenie słoneczne sunburn
popielniczka ashtray
popołudnie afternoon
poprawny correct
pora roku season
porada advice
porcja portion
port harbour
portmonetka purse
porto port (drink)
porządek: w porządku that's all right
posiłek meal

pośladki *(pl)* bottom *(of body)*
potem then; afterwards
potfel wallet
potrawa dish
potrzebować need
potwierdzić confirm
poważny serious
powiększenie enlargement
powiedzieć say
powieść novel
powietrze air
powodzenia! good luck!
powoli slowly
powolny slow
powtórzyć repeat
pozwolić let; allow
pożar fire *(blaze)*
pożyczyć borrow; lend
pół half
pół godziny half an hour
północ midnight; north
Północna Irlandia Northern Ireland
późny late
praca work; job
pracować work *(verb)*
prać to wash *(clothes)*
praktyczny practical
pralka washing machine
pralnia laundry *(place)*
pralnia chemiczna dry-cleaner
pralnia samoobsługowa launderette
pranie washing
prasować iron *(verb)*
prawdopodobnie probably
prawdziwy true
prawidłowy right *(correct)*
prawie almost
prawnik lawyer
prawo law
prawo jazdy driving licence

prawy right *(side)*; **na prawo (od)** on the right (of)
prezent present *(gift)*
prezerwatywa condom
procent per cent
prognoza pogody weather forecast
program programme
prom ferry *(small)*
prosto straight ahead
prosty straight
proszę please; **proszę pana** Sir; **proszę pani** Madam; **proszę!** come in!
proszek do prania washing powder
proteza zębowa dentures
prowadzić samochód drive
próbować try
prysznic shower
prywatny private
przebicie puncture
przebity: przebita opona flat tyre
przebierać się change *(clothes)*
przebywać stay *(remain)*
przechodzić przez cross *(verb)*
przechowalnia bagażu left luggage
przeciąg draught
przeciek leak
przeciw against
przeciwny opposite
przed in front of
przedłużacz extension lead
przedsiębiorstwo prywatne private enterprise
przedsiębiorstwo państwowe state-run enterprise
przedstawiciel agent

przedstawić introduce
przedtem before
przedwczoraj the day before yesterday
przedział compartment
przejść go through
przejście dla pieszych pedestrian crossing
przelotny deszcz shower *(rain)*
przełącznik napięcia adaptor *(for voltage)*
przełęcz pass *(mountain)*
przemysł industry
przepis recipe
przepraszać apologize; **przepraszam** excuse me
przerażający appalling
przesadzać exaggerate
przesiadać się change trains
przesłona shutter *(photo)*
przeszkadzać disturb
prześcieradło sheet
przewodnik guide; guidebook
przewrócić knock over
przez through
przeziębienie cold *(illness)*
przeziębiony: jestem przeziębiony I've got a cold
przezwisko nickname
przodek ancestor
przód front *(not back)*
przy by; beside
przybyć arrive
przyczepa trailer *(behind car)*
przyczepa turystyczna caravan
przyczyna cause
przygnębiony depressed
przygotować prepare
przyjaciel *(m)*/**przyjaciółka** *(f)* friend

przyjazd arrival
przyjęcie party *(celebration)*
przyjemny pleasant
przyjmować accept
przyjść come
przykład example; **na przykład** for example
przylot arrival
przymierzać try on
przynajmniej at least
przynieść bring
przypadek: przypadkiem by chance
przypływ high tide
przyprawa spice
przystanek stop
przystanek autobusowy bus stop
przystojny handsome
przyszłość future
przyszły next
pszczoła bee
ptak bird
ptyś cream puff
publiczność *(f)* audience
publiczny public
pudełko box
puntualnie on time
pusty empty
puszka can
pytać ask
pytanie question

rachunek bill
raczej rather
radzić advise
radziecki Soviet
rajstopy tights
rak cancer; crayfish

ramię arm; shoulder
rana wound
ranny injured
rano morning
ratunku! help!
ratusz town hall
raz once; **w każdym razie**
  anyway; **w przeciwnym**
  razie otherwise; **za każdym**
  razem every time
razem together
recepcja reception *(hotel)*
recepcjonista *(m)/*
  recepcjonistka *(f)*
  receptionist
recepta prescription
reflektory headlights
religia religion
rencista old-age pensioner
rentgen X-ray
restauracja restaurant
reszta rest *(remaining)*;
  change
reumatyzm rheumatism
rewolwer gun *(pistol)*
rezerwacja reservation
rezerwować book; reserve
ręcznik towel
ręka hand; arm
rękawiczki gloves
rękodzieło handicrafts
robić do; make; **robić na**
  drutach knit; **robić pranie**
  do the washing; **robić**
  zakupy go shopping
roboty drogowe roadworks
rocznica anniversary;
  rocznica ślubu wedding
  anniversary
rodzice parents
rodzina family
rok year; **w przyszłym roku**
  next year

rolnik farmer
rondo roundabout
rosyjski Russian
roślina plant
rower bicycle
rowerzysta *(m)* cyclist
rozciągać stretch
rozdzielacz distributor
rozgałęziacz adaptor *(plug)*
rozkład jazdy timetable
rozmawiać to talk
rozmiar size
rozmówki phrase book
rozmowa talk
rozmowa R reverse charge
  call
rozpakować unpack
rozpoznać recognize
rozsądny sensible
rozumieć understand
rozwidlenie fork *(in road)*
rozwiedziony divorced
rozwolnienie diarrhoea
rożen barbecue
róg corner
róża rose
różowy pink
różyczka German measles
Ruch newspaper kiosk
ruch drogowy traffic
ruiny ruins
Rumunia Romania
rura pipe *(water etc)*
rura wydechowa exhaust
ryba fish
rynek market; market place
ryż rice
rzadki rare
rząd government
rzecz *(f)* thing
rzeka river
rzucać throw

sala klubowa lounge
sałata lettuce
sałatka salad
sam *(m)* ...-self; alone
Sam supermarket; self-service
sama *(f)* ...-self; alone
samo itself; alone
samochód car; samochodem
  by car
samolot aeroplane;
  samolotem by air
samoobsługa self-service
sandały sandals
sardynka sardine
sąsiad *(m)*/sąsiadka *(f)*
  neighbour
schody stairs
schronisko młodzieżowe
  youth hostel
scyzoryk penknife
sekret secret
sekunda second *(in time)*
sen dream
ser cheese
serce heart
serwetka napkin
siedzenie seat
siekiera axe
sierpień August
silnik engine
silny strong
siniak bruise
siostra sister
siostrzenica niece
siostrzeniec nephew
skakać jump
skała rock
skarpetki socks
sklep shop

sklep mięsny butcher's
sklep monopolowy
  off-licence
sklep rybny fishmonger's
sklep spożywczy grocer's
sklep warzywny
  greengrocer's
skomplikowany
  complicated
skończone over *(finished)*
skończyć finish
skorupiaki shellfish
skóra skin; leather
skręcić turn *(verb)*
skrót shortcut
skrzydło wing
skrzynka biegów gearbox
skrzynka pocztowa
  letterbox
skrzyżowanie junction
skrzyżowanie
  jednopoziomowe level
  crossing
skurcz cramp
slajd slide *(photo)*
slipy underpants
slipy kąpielowe swimming
  trunks
słaby weak
sławny famous
słodki sweet *(to taste)*
słońce sun
słoneczny sunny
słony salty
słownik dictionary
słowo word
słuchać hear; listen (to);
  słucham? pardon?
smaczny tasty; smacznego!
  enjoy your meal!
smak taste; flavour
smażyć fry
smukły slim

smutny sad
sobota Saturday
sok juice
Solidarność Solidarity
sos sauce
sól salt
sól do kąpieli bath salts
spać sleep; **on/ona śpi**
  he/she's asleep
spacer walk
specjalność speciality
sposób way; **w ten sposób**
  this way *(like this)*
spodek saucer
spodnie trousers
społeczeństwo society
spotkać meet
spód: na spodzie at the
  bottom of
spódnica skirt
spółka company
spóźnić się arrive/be late;
  miss *(train etc)*
sprawdzać check
sprawiedliwy fair
sprawy służbowe business
sprężyna spring *(in seat etc)*
sprzedawać sell
sprzedaż sale; **na sprzedaż**
  for sale
sprzęgło clutch
spuchnięty swollen
srebro silver
ssanie choke *(on car)*
stacja station
stacja benzynowa petrol
  station
stać się become
stać w kolejce queue
stanik bra
Stany Zjednoczone United
  States
Stare Miasto Old Town

starożytny ancient
Starówka Old Town
startować take off *(plane)*
stary old
statek ship
staw pond
stewardessa air hostess
stok zjazdowy ski slope
stopa foot
stół table
strach fear
straszny terrible
straż pożarna fire brigade
strefa wolnocłowa duty-free
  zone
stromy steep
strona side; page
strumień stream
student *(m)*/**studentka** *(f)*
  student
styczeń January
suchy dry; **suchy prowiant**
  packed lunch
sufit ceiling
sukces success
sukienka dress
surowy raw
suszarka do włosów hair
  dryer
swędzić itch
sweter jumper; cardigan
Sylwester New Year's Eve
syn son
synagoga synagogue
synowa daughter-in-law
sypialnia bedroom
szafa cupboard
szalik scarf *(neck)*
szalony mad
szampon shampoo
szarlotka apple pie
szary grey
szatnia cloakroom

szczególnie especially
szczepienie vaccination
szczery sincere
szczęka jaw
szczęście good luck; **na szczęście** fortunately
szczęśliwy happy; **szczęśliwego Nowego Roku!** happy New Year!; **szczęśliwej podróży!** have a good journey!
Szkocja Scotland
szczoteczka do zębów toothbrush
szczotka brush
szczotka do zamiatania broom
szczur rat
szczypce pliers
szczypczyki tweezers
szef boss
szeroki wide
szkła kontaktowe contact lenses
szklanka glass
szkocki Scottish
szkoda: jaka szkoda it's a pity
szkoła school
szlafrok dressing gown
sznurek string
sznurowadła shoe laces
szok shock
szokujący shocking
szorty shorts
szparagi asparagus
szpilka pin
szpinak spinach
szpital hospital
szprycha spoke
sztuczny artificial
sztućce *(pl)* cutlery
sztuka art; **sztuka ludowa** folk art
sztuka teatralna play *(theatre)*
szukać look for
szwagier brother-in-law
szwagierka sister-in-law
szybki fast; quick
szybko quickly; **szybko!** hurry up!
szybkość speed
szybkościomierz speedometer
szyć sew
szyja neck
szynka ham

ściana wall
ścieżka path
Śląsk Silesia
śliczny lovely
ślimak snail
śliski slippery
śliwka plum
ślub wedding
śmiać się laugh
śmieci litter
śmierć death
śmieszny funny
śmietanka cream
śniadanie breakfast
śnieg snow
śpiący sleepy
śpiewać sing
śpiwór sleeping bag
środa Wednesday
środek middle
środek bielący bleach
środek dezynfekujący disinfectant

POLISH-ENGLISH

środek nasenny sleeping pill
środek przeciwbólowy painkiller
środek przeczyszczający laxative
śruba screw
śrubokręt screwdriver
świadek witness
świat world
światła pozycyjne sidelights
światła ruchu drogowego traffic lights
światło light
światłomierz light meter
święto holiday *(public)*; **święto ludowe** folklore festival
świeca zapłonowa spark plug
świeczka candle
świetlica common room
świetnie! good!
świeży fresh
świnia pig

ta this; this/that one
tabletka tablet
tablica rejestracyjna number plate
tablica rozdzielcza dashboard
taca tray
tacy such
tak yes
tak jak like *(as)*
tak sobie so-so
taka/taki/takie such; **taki piękny/duży** so beautiful/big

taksówka taxi
talerz plate
talia waist
talk talcum powder
tam there; over there
tamci those
tampon tampon
tamta that
tamte those
tamten/tamto that
tani cheap
tańczyć dance
targ market
ta sama (the) same
taśma klejąca sellotape *(R)*
taśma magnetofonowa tape *(cassette)*
Tatry Tatra mountains
tatuś dad
te these
teatr theatre
teczka briefcase
tektura cardboard
telefon telephone
telefonować phone *(verb)*
telewizja television
temperatura temperature
temperówka pencil sharpener
temu: trzy dni temu three days ago
ten this; this/that one; **ten sam** (the) same
tenis tennis
tenis stołowy table tennis
ten sam (the) same
teraz now
teren dla pieszych pedestrian precinct
termofor hot-water bottle
termometr thermometer
termos thermos flask
teściowa mother-in-law

teść father-in-law
też also; too
tęcza rainbow
tłumaczyć translate
tłusty rich *(food)*
tłuszcz fat
to it; this; this/that one; **to co**
  what; **to jest** it is
toaleta toilet
toaleta damska ladies
tobą/tobie you
tonąć sink *(go under)*
torba bag; suitcase
torba na zakupy shopping
  bag
torebka handbag
to samo (the) same
towarzyszyć accompany
tradycja tradition
tradycyjny traditional
transmisja transmission
trasa route
trawa grass
trawnik lawn
trochę a little bit (of); **trochę**
  wina/mąki/herbatników
  some wine/flour/biscuits
trucizna poison
trudny difficult
truskawka strawberry
trwała ondulacja perm
trzymać hold; keep
tu here
tunel tunnel
tuńczyk tuna fish
turysta *(m)***/turystka** *(f)*
  tourist
tusz do rzęs mascara
tutaj here
twardy hard
twarz face
twoi/twoja/twoje/twój
  your(s)

ty you
tydzień week
tylko only; just; **tylko trochę**
  not too much
tylne światła rear lights
tylny rear
tył back
tytoń tobacco

u at; **u Eli** at Ela's
ubezpieczenie insurance
ubierać dress *(someone)*
ubierać się dress *(oneself)*
ubikacja toilet
ubranie clothes
ucho ear
uchwyt handle
uczciwy honest
uczucie feeling
uczulony na allergic to
uczyć się learn
uczyć teach
udar stroke *(attack)*
udar słoneczny sunstroke
uderzyć hit
udo thigh
udzielać porady advise
ukąsić bite *(insect)*
ulepszyć improve
ulica road; street
ulubiony favourite
umrzeć die
umyślnie deliberately
umywalka washbasin
unieważnić cancel
uniwersytet university
upaść fall
upominek gift
uprzejmy polite; kind

POLISH-ENGLISH

upuścić drop *(verb)*
urodziny birthday
urodzić się be born
urwisko cliff
urządzenie device
usiąść sit down
uspokoić się calm down
usta mouth; lips
uszczelka głowicy silnika cylinder head gasket
uszkodzić damage *(verb)*
uśmiech smile
uśmiechać się smile *(verb)*
uwaga! look out!
uważny careful
uzdrowisko health resort
użyteczny useful
używać use
używany second-hand

w in
wadliwy faulty
waga weight
wagon carriage
wagon restauracyjny dining car
wagon sypialny sleeper
wakacje *(pl)* holiday
wakacje letnie summer holidays
wał korbowy crankshaft
Walia Wales
walijski Welsh
walizka suitcase
wam/wami you
wanilia vanilla
wanna bathtub
warga lip
Warszawa Warsaw

warzywa vegetables
was you
wasi/wasz/wasza/wasze your(s)
wata cotton wool
wazon vase
ważny important
wąchać smell *(sense)*
wąski narrow
wąsy moustache
wątroba liver
wątróbka liver
wąż snake
wciąż still
wcześnie early; **za wcześnie** too early
wczesny early
wczoraj yesterday
wdowa widow
wdowiec widower
wdzięczny grateful
we in
wejść enter; go up
wejście entrance
wełna wool
wentylator fan
Wesołych Świąt! happy Christmas/Easter!
weterynarz vet
wewnątrz inside
Węgry Hungary
wiadomość *(f)* message
wiadomości *(pl)* news
wiadro bucket
wiatr wind
wiązanie binding *(ski)*
widelec fork
wideo video; video recorder
widok view
widzieć see
wieczór evening; p.m.
wiedzieć know
wiek age; century

POLISH-ENGLISH

Wielka Brytania Britain
Wielkanoc Easter
Wielkopolska Great Poland
wieprzowina pork
wierzyć believe
wieś *(f)* village; countryside
wieszak coathanger
wieża tower
więcej more
większość *(f)* most (of)
więzienie prison
wilgotny wet
willa villa
wina: to moja/jego wina it's
  my/his fault
winda lift *(elevator)*
winnica vineyard
wino wine; **wino czerwone/**
  białe red/white wine;
wino firmowe house wine
winogrona grapes
wiosna spring *(season)*
Wisła Vistula
witaminy vitamins
witamy! welcome!
wiza visa
wizjer viewfinder
wizyta visit
wizytówka card *(business)*
wkładka śródmaciczna IUD
wkrótce soon
wliczony included
właściciel owner
włączyć to switch
Włochy Italy
włosy hair
woda water
woda do picia drinking
  water
woda kolońska eau de
  toilette
woda mineralna mineral
  water

wodorosty *(pl)* seaweed
wodospad waterfall
wojna war
woleć prefer
wolnocłowy duty-free
wolny free; **wolny od cła**
  duty-free; **wolny rynek** free
  market
wołać call; shout
wołowina beef
woń *(f)* smell
wózek pram
wózek inwalidzki
  wheelchair
wózek spacerowy pushchair
wpaść w poślizg skid
wrażliwy sensitive
wrócić come/get back
wrzeć boil
wrzesień September
wschód east; **na wschód** east
  of
wsiąść do get in *(car)*
wskaźnik gauge
wspaniały fine
wspinaczka górska rock
  climbing
wstać get up
wsteczny reverse
wstrętny obnoxious
wszędzie everywhere
wszyscy all
wszystko everything
wściekły furious
wtorek Tuesday
wtyczka plug *(electrical)*
wuj uncle
wy you
wybierać choose
wybrzeże coast
wyciąg krzesełkowy
  chairlift
wyciąg narciarski ski-lift

wycieczka trip
wycieczka morska cruise
wycieczka turystyczna package tour
wycieraczka szyby windscreen wiper
wydawać woń smell
wydmy sand dunes
wygodny comfortable
wygrać win
wyjaśnić explain
wyjechać leave *(go away)*
wyjść go out
wyjście exit
wyjście zapasowe emergency exit
wyłączyć switch off
wymawiać pronounce
wymiana exchange
wymiotować vomit
wynająć rent *(verb)*
wynos: na wynos to take away *(food)*
wypożyczyć hire
wypadek accident
wyprysk spot *(on skin)*
wyprzedaż sale *(reduced price)*
wyprzedzać overtake
wyrzucić throw away
wysiąść get off
wysłać send
wysoki tall; high
wyspa island
wystarczająco enough
wystarczy that's enough
wystawa exhibition
wysuszyć dry *(verb)*
wyśmienity delicious
wytrawne: wino witrawne dry wine
wywołać film develop a film
wzbroniony forbidden
wzgórze hill

z with; from
za behind; **za drogo** too expensive; **za dużo** too much
zabawki toys
zabić kill
zablokowany blocked; stuck
zabrać take away *(remove)*
zachód west; **na zachód od** west of
zachód słońca sunset
zacząć begin
zaczekajcie na mnie! wait for me!
zadowolony pleased
zadziwiający surprising
zadzwonić ring *(phone)*
zagraniczny foreign
zajęty engaged *(toilet. phone)*; busy
zakąska starter *(food)*
zakażenie infection
zakręt bend
zakupy *(pl)* shopping
zależeć: to zależy it depends
załamanie nerwowe nervous breakdown
załoga crew
zamek castle; lock
zamek błyskawiczny zip
zamknięty closed
zamówić order
zamrażalka freezer
zamsz suede
zamykać close *(verb)*
zamykać na klucz lock *(verb)*
zanieczyszczony polluted
zapalenie płuc pneumonia

117

zapalenie wyrostka robaczkowego appendicitis
zapalić light; switch on; start
zapalniczka lighter
zapalony on *(lights)*
zapałka match *(light)*
zapłacić cło pay customs duty
zapłon ignition
zapomnieć forget
zaprosić invite
zaproszenie invitation
zarabiać earn
zaręczony engaged *(to be married)*
zaryglować bolt *(verb)*
zasłona curtain
zastrzyk injection
zasuwa bolt
zaświadczenie certificate
zatłoczony crowded
zatrucie pokarmowe food poisoning
zatrzymać się stop; stay
zawiedziony disappointed
zawór valve
zawsze always
zazdrosny jealous
zazwyczaj usually
zażalenie complaint
ząb tooth
zbiornik tank
zbiór collection
zdarzyć się happen
zdechły dead *(of animal)*
zderzak bumper
zdrowie health; **na zdrowie!** cheers!
zdrowy healthy
zdumiewający astonishing
zebranie meeting
zegar clock
zegarek watch *(for time)*

zejść go down
zemdleć faint *(verb)*
zepsuć się break down *(car)*; go bad/off; **zepsuł mi się samochód** my car's broken down; **mleko się zepsuło** the milk's off
zewnątrz outside
zezwolenie licence
zgadzać się agree
zgasić switch off
zgaszony off *(lights)*
zgniły rotten
zgubić lose
zielony green
ziemia earth
ziemniak potato
zięć son-in-law
zima winter
zimny cold
zlewozmywak sink
złamać break
złamanie fracture
złamany broken
złapać gumę have a flat tyre
złodziej thief
złodziej kieszonkowy pickpocket
złoto gold
złożyć zażalenie complain
zły bad; angry
zmarły dead
zmartwienie worry
zmęczony tired
zmieniać change *(verb)*
zmienny changeable
zmywać naczynia do the washing-up
zmywacz lakieru do paznokci nail polish remover
zmywanie washing-up
znać know *(person)*

POLISH-ENGLISH

znaczek stamp
znaczyć mean *(verb)*
znak drogowy roadsign
znaleźć find
zniknąć disappear
znosić tolerate; stand
znowu again
zorganizować organize
zostawić leave *(forget)*
zupa soup
Związek Radziecki Soviet Union
zwichnięcie sprain
zwierzę animal
zwrócić pieniądze refund *(verb)*
zwyczaj habit
zwykły usual; simple

żółty yellow
życie life
życzenie: najlepsze życzenia best wishes
żyć live
Żyd Jew
żydowski Jewish
żyletka razor blade
żywy alive

źle badly

żagiel sail
żaglówka sailing boat
żarówka light bulb
żart joke
żądać demand
żądlić sting
żebro rib
żeglarstwo sailing
żelazko iron *(for clothes)*
żelazo iron *(metal)*
żenujący embarrassing
żołądek stomach
żona wife
żonaty married *(of man)*

GRAMMAR

There are no *ARTICLES* (a, an, the) in Polish, so for example, depending on context:

> **gazeta**

may mean 'a newspaper', 'the newspaper' or 'newspaper'.

Polish has three *GENDERS* – masculine, feminine and neuter. Most masculine nouns end in a consonant:

> **dom** house   **samochód** car

but there are some exceptions, often relating to an occupation:

> **mężczyzna** man   **dentysta** dentist

Most feminine nouns end in **a**:

> **kobieta** woman

but some common exceptions are:

> **pani** lady   **sól** salt   **noc** night

Neuter nouns end in **o** or **e**:

> **dziecko** child   **słońce** sun

Polish has six *CASES*:

The *NOMINATIVE* is used for the subject of a sentence.

The *GENITIVE* has five functions:

   1. it denotes possession and can usually be translated by 'of';

> **mieszkanie Jacka**   Jacek's flat
> **brzegi Wisły**   the banks of the Vistula

   2. it replaces the accusative as the direct object whenever the verb is preceded by **nie** 'not':

> **mam bilet**   I have a ticket
> **nie mam biletu**   I haven't got a ticket

   3. it follows certain verbs, such as **szukać** to look for, **słuchać** to listen to;

   4. it is used after expressions of quantity:

GRAMMAR

dużo samochodów	many cars
mało turystów	a few tourists

5. it follows many prepositions such as **od** 'from', 'since'; **do** 'to', 'into'; **dla** 'for'; **koło** 'near', 'by'; **z/ze** 'out of', 'from':

od lipca	since July
z Warszawy do Londynu	from Warsaw to London

The **DATIVE** is the case of the indirect object and is used with verbs such as **pomagać** 'to help', **dawać** 'to give', **pozwalać** 'to allow', **pożyczać** 'to lend' (often corresponding to 'to' in English).

The **ACCUSATIVE** is used for the direct object of a sentence:

> **chcielibyśmy zwiedzić galerię sztuki**
> we would like to visit the art gallery
> **chcesz tą książkę?** do you want this book?

and after certain prepositions expressing motion towards something, such as **na** 'for', **pod** 'under', **przed** 'in front of', **za** 'behind', **między** 'between', **nad** 'to':

> **czekam na niego** I'm waiting for him

The **INSTRUMENTAL** is used to show how, by whom or with what an action is carried out:

> **podróżuje autobusem/samochodem**
> he is travelling by bus/car

and it is used after the preposition **z/ze** 'with', and also after a group of prepositions denoting position (used in reply to the question 'where?', but NOT 'where to?') **przed** 'in front of', **nad** 'above', **pod** 'under' and **za** 'behind':

kawa z mlekiem/cukrem	coffee with milk/sugar
przed hotelem	in front of the hotel

The **LOCATIVE** is used after prepositions denoting location, such as **na** 'on'/'at'; **w/we** 'in'; **przy** 'by'/'at'; **po** 'after'/'over'; **o** 'about'/'of':

na dworcu	at the station
w restauracji	in the restaurant

In Polish **NUMERALS** also determine the case a noun takes. 1 and all numbers ending in 1 (eg 61) take the nominative singular. 2, 3 4 and all numbers ending in 2, 3 or 4 (except 12, 13 and 14) take the nominative plural and all other numbers take the genitive plural:

1 samochód	1 car
2 koty	2 cats
17 książek	17 books

GRAMMAR

Note the different forms of **dwa** 'two':

dwa samochody	2 cars *(m inan)*
dwaj bracia	2 brother *(m anim)*
dwie siostry	2 sisters *(f)*
dwoje dzieci	2 children *(n)*

There are two ways of declining masculine **NOUNS** depending on whether they are animate or inanimate:

	pan* gentleman, sir		**dom** house	
	SINGULAR		PLURAL	
	anim	*inan*	*anim*	*inan*
nom	pan	dom	panowie	domy
gen	pana	domu	panów	domów
dat	panu	domowi	panom	domom
acc	pana	dom	panów	domy
instr	panem	domem	panami	domami
loc	panu	domu	panach	domach

FEMININE NOUNS

	kawa coffee		**pani*** lady	
	SINGULAR		PLURAL	
nom	kawa	pani	kawy	panie
gen	kawy	pani	kaw	pań
dat	kawie	pani	kawom	paniom
acc	kawę	panią	kawy	panie
instr	kawą	panią	kawami	paniami
loc	kawie	pani	kawach	paniach

* in Polish the words **pan** 'sir' and **pani** 'madam' are commonly used polite forms of address (see also p 124)

NEUTER NOUNS

	jajko egg		**mieszkanie** flat	
	SINGULAR		PLURAL	
nom	jajko	mieszkanie	jajka	mieszkania
gen	jajka	mieszkania	jajek	mieszkań
dat	jajku	mieszkaniu	jajkom	mieszkaniom
acc	jajko	mieszkanie	jajka	mieszkania
instr	jajkiem	mieszkaniem	jajkami	mieszkaniami
loc	jajku	mieszkaniu	jajkach	mieszkaniach

ADJECTIVES are usually placed before nouns. They agree in gender, case and number with the noun to which they refer:

GRAMMAR

nowy new

	SINGULAR			PLURAL	
	m	f	n	m personal	general
nom	nowy	nowa	nowe	nowi	nowe
gen	nowego	nowej	nowego	nowych	nowych
dat	nowemu	nowej	nowemu	nowym	nowym
acc	nowego/nowy*	nową	nowe	nowych	nowe
instr	nowym	nową	nowym	nowymi	nowymi
loc	nowym	nowej	nowym	nowych	nowych

* there are two endings in the accusative case of masculine nouns: the first form is used for animate subjects (people, animals), the second form is used for inanimate subjects (ie objects, ideas, feelings etc).

To form the **COMPARATIVE** of adjectives, the endings: **szy/sza/sze** (for the three genders in singular), and **si/sze** (for the two plurals) are added to the stem of the adjective.

The **SUPERLATIVE** is formed by adding the prefix **naj** to the comparative. There may be some vowel or consonant changes as well:

młody young	**młodszy** younger	**najmłodszy** youngest
ciepły warm	**cieplejszy** warmer	**najcieplejszy** warmest

Some common irregular forms:

dobry good	**lepszy** better	**najlepszy** best
zły bad	**gorszy** worse	**najgorszy** worst
duży large	**większy** larger	**największy** largest
mały small	**mniejszy** smaller	**najmniejszy** smallest

PERSONAL PRONOUNS are generally omitted in Polish but can be used for special emphasis or to avoid confusion:

ona to zrobiła *she did it*

ja I		**my** we
ty you		**wy** you
on/ona/ono he/she/it		**oni/one** they

nom	ja	ty	on	ona	ono
acc	mnie	ciebie	jego/go	ją/nią	je
gen	mnie	ciebie	jego/niego	jej/niej	niego/go
dat	mnie/mi	tobie/ci	jemu/mu	jej/niej	jemu/mu
instr	mną	tobą	nim	nią	nim
loc	mnie	tobie	nim	niej	nim

123

GRAMMAR

nom	my	wy	oni*	one**
gen	nas	was	ich/nich	ich/nich
dat	nam	wam	im/nim	im/nim
acc	nas	was	ich/nich	je/nie
instr	nami	wami	nimi	nimi
loc	nas	was	nich	nich

* masculine personal plural for referring to male subjects, eg brother, father etc

** general plural for all other subjects, ie women, children, animals and things of all three genders.

In the above table, the alternative forms beginning with **n** are used after prepositions:

> **czy ich zaprosiłaś?** have you invited them?
> **to dla nich** this is for them

NOTE: **ty** and **wy** ('you' singular and plural) are only used when addressing family, friends and children. The correct form for addressing all other people is **pan** to a man, **pani** to a woman, **panowie** to men only, **panie** to women only and **państwo** to men and women. In each case, the verb has to be in the third person of the verb (singular or plural).

czy pan się źle czuje?	are you feeling unwell? *(to a man)*
czy pani pije herbatę z cukrem?	do you take sugar in your tea? *(to a woman)*
co państwo zamówili?	what have you ordered? *(to a couple, ie a man and a woman, or to a group of men and women)*

POSSESSIVE PRONOUNS (mine, yours, hers etc) and *POSSESSIVE ADJECTIVES* (my, your, her etc) have the same form. **twój**, **nasz** and **wasz** decline like **mój** below but **jego**, **jej** and **ich** do not decline:

	SINGULAR		PLURAL	
	m/n	*f*	*m personal*	*general*
my/mine				
nom	mój/moje	moja	moi	moje
gen	mojego	mojej	moich	moich
dat	mojemu	mojej	moim	moim
acc	moje	moją	moich	moje
instr	moim	moją	moimi	moimi
loc	moim	mojej	moich	moich
your/yours	twój/twoje	twoja	twoi	twoje
his	jego	jego	jego	jego
her/hers	jej	jej	jej	jej
our/ours	nasz/nasze	nasza	nasi	nasze

124

GRAMMAR

your/yours	**wasz/wasze**	**wasza**	**wasi**	**wasze**
their/theirs	**ich**	**ich**	**ich**	**ich**

DEMONSTRATIVE PRONOUNS AND ADJECTIVES:

ten/ta/to this, **ci/te** these *(something nearer the speaker)*

	m	f	n	m personal	general
nom	**ten**	**ta**	**to**	**ci**	**te**
gen	**tego**	**tej**	**tego**	**tych**	**tych**
dat	**temu**	**tej**	**temu**	**tym**	**tym**
acc	**tego**	**tą**	**to**	**tych**	**te**
instr	**tym**	**tą**	**tym**	**tymi**	**tymi**
loc	**tym**	**tej**	**tym**	**tych**	**tych**

tamten/tamta/tamto that, **tamci/tamte** those *(something further away)*
declines like **ten/ta/to/ci/te** above

taki/taka/takie/tacy/takie such

				PLURAL	
	m	f	n	m personal	general
nom	**taki**	**taka**	**takie**	**tacy**	**takie**
gen	**takiego**	**takiej**	**takiego**	**takich**	**takich**
dat	**takiemu**	**takiej**	**takiemu**	**takim**	**takim**
acc	**takiego**	**taką**	**takie**	**takimi**	**takie**
instr	**takim**	**taką**	**takim**	**takimi**	**takimi**
loc	**takim**	**takiej**	**takim**	**takich**	**takich**

Polish *VERBS* have three *TENSES* - present, past and future. (Verbs in the
dictionary are shown in the infinitive ending in **ć**).

PRESENT:

		pić (drink)	płacić (pay)	czytać (read)	rozumieć (understand)
I	ja	**piję**	**płacę**	**czytam**	**rozumiem**
you *(fam)*	ty	**pijesz**	**płacisz**	**czytasz**	**rozumiesz**
he/she/it	on/ona/ono	**pije**	**płaci**	**czyta**	**rozumie**
we	my	**pijemy**	**płacimy**	**czytamy**	**rozumiemy**
you *(pl/pol)*	wy	**pijecie**	**płacicie**	**czytacie**	**rozumiecie**
they *m/f)*	oni/one	**piją**	**płacą**	**czytają**	**rozumieją**

GRAMMAR

Note also some common irregular verbs:

	być	mieć	iść
	(be)	(have)	(go)
ja	jestem	mam	idę
ty	jesteś	masz	idziesz
on/ona/ono	jest	ma	idzie
my	jesteśmy	mamy	idziemy
vy	jesteście	macie	idziecie
oni/one	są	mają	idą

To form the *PAST* tense replace the infinitive ending ć of the verb with the following endings:

m	f	n
-łem	-łam	
-łeś	-łaś	
-ł	-ła	ło
-liśmy	-łyśmy	
-liście	-łyście	
-li *(masculine personal)*	-ły *(all other subjects)*	

Note that there are different endings for male, female and neuter subjects:

Jacek mieszkał w Krakowie Jacek lived in Cracow
Ewa mieszkała w Krakowie Ewa lived in Cracow

być (to be)

	m	f	n
ja	byłem	byłam	
ty	byłeś	byłaś	
on	był	ona była	ono było
my	byliśmy	byłyśmy	
wy	byliście	byłyście	
oni	byli	one były	

robić (to do)

	m	f	n
ja	robiłem	robiłam	
ty	robiłeś	robiłaś	
on	robił	ona robiła	ono robiło
my	robiliśmy	robiłyśmy	
wy	robiliście	robiłyście	
oni	robili	one robiły	

To form the *FUTURE* tense, add the infinitive to the appropriate form of the future tense of the verb 'to be' **być**:

GRAMMAR

FUTURE być to be

ja będę	(I will be ...)
ty będziesz	(you will be ... etc)
on/ona/ono będzie	
my będziemy	
vy będziecie	
oni/one będą	

będziesz tu mieszkać	you'll be staying here
będę czekać	I'll wait/be waiting

The *NEGATIVE* is formed by placing **nie** before the verb even if there are other negatives in the sentence:

on nic złego nie zrobił	he has done nothing wrong
nic o tym nie wiem	I know nothing about it
nie mam czasu	I have no time
jeszcze tam nie byłam	I haven't been there yet

QUESTIONS are formed by adding **czy** (for yes/no answers) or an interrogative pronoun in front of the sentence:

czy ma pani bilet?	do you have a ticket?
czy chcesz iść na spacer?	do you want to go for a walk?
co robiliście wczoraj?	what did you do yesterday?
gdzie idziemy jutro?	where are we going tomorrow?

REFLEXIVE VERBS are verbs which consist of a verb and a reflexive particle **się**:

myję się	I wash (myself)
śpieszę się	I am in a hurry
czy pan się skaleczył?	have you hurt yourself?
ona się kąpie	she is having a bath

CONVERSION TABLES

metres
  1 metre = 39.37 inches or 1.09 yards

kilometres
  1 kilometre = 0.62 or approximately ⅝ mile

to convert kilometres to miles: divide by 8 and multiply by 5

kilometres:	2	3	4	5	10	100
miles:	1.25	1.9	2.5	3.1	6.25	62.5

miles
to convert miles to kilometres: divide by 5 and multiply by 8

miles:	1	3	5	10	20	100
kilometres:	1.6	4.8	8	16	32	160

kilos
  1 kilo = 2.2 or approximately 1⅕ pounds

to convert kilos to pounds: divide by 5 and multiply by 11

kilos:	4	5	10	20	30	40
pounds:	8.8	11	22	44	66	88

pounds
  1 pound = 0.45 or approximately 5/11 kilo

litres
  1 litre = approximately 1¾ pints or 0.22 gallons

Celsius
to convert to Fahrenheit: divide by 5, multiply by 9, add 32

Celsius:	10	15	20	25	28	30	34
Fahrenheit:	50	59	68	77	82	86	93

Fahrenheit
to convert Fahrenheit to Celsius: subtract 32, multiply by 5, divide by 9